如何用经济学思维让日子过得更舒坦

ECONOMIC THINKING MAKE BETTER LIFE

周 婷 / 编著

中国法制出版社

CHINA LEGAL PUBLISHING HOUSE

　　有人说，经济学是一门让人幸福的学问。经济学这个词语在古希腊诞生之初，就有"家计管理"的意思，经济学进入我国时，学者严复也曾经将它翻译为"生计学"。由此可见，经济学并不是一门高高在上、神秘莫测的学问，而是和我们每一个普通人的生活都息息相关的。经济学中的很多热点问题，像通货膨胀、物价上涨、居民收入、事业与就业等无不关系着我们每个人的切身利益，影响着我们的生活质量。很多人之所以会觉得经济学十分深奥，是因为一些学者在研究经济学时经常引经据典，不考虑普通人的接受能力，这才会让我们不由自主地与经济学保持着距离。其实，经济学是最"接地气"的科学，也是最有趣的学问，只要我们能够从全新的角度去看待它，就能够获得很多带着些狡黠味道的乐趣。

　　生活离不开经济学，经济学能够解决我们生活中的很多疑惑。当我们对自己身边发生的很多经济现象、经济问题感到费解的时候，当我们在消费、理财、投资、交友、求职遇到困扰的时候，经济学就能来帮忙了，它不但能够告诉我们"为什么"的原因，还能为我们指明"怎么做"的方向，可以让我们减少很多盲目性的举动，避免走不必要的弯路。

　　生活中很多看似狡猾的奥秘，如果用经济学知识来进行分析，就会让人觉得豁然开朗。为什么穷人更穷，富人更富？为什么破旧的钱币总是最先花出去？为什么不能轻易跳槽？为什么商家买一赠一，我们却并不会获得更多收益？为什么把钱存进了银行，也会遇到利息损失？为什么有些消费者会心甘情愿地受骗上当？这些问题其实都可以在经济学的各种原理和效应中找到答案，并可以根据自身的具体情况来调整生活、工作、理财、投资、经营方案等。

从经济学中吸收有趣的知识，用以指导自己的生活，正是本书编写的目的所在。本书就是要通过最简单的办法，为读者提供一个在短时间内了解和掌握经济学的途径。书中没有深奥难懂的图表分析，也绝少有让读者感觉乏味的数字计算，更没有一些故作高深的艰涩理论，所有的经济学知识都被巧妙地融入一个个贴近普罗大众生活的案例之中，因为真实、有趣，更能让读者产生阅读的欲望。

本书采用生活化的语言，哪怕你在阅读本书前，对经济学基本没有了解，也不会妨碍对本书内容的理解。本书提供的是触手可及的学问和转变生活观念的新思维，只要你用心去阅读，就能从浩瀚无比的经济学知识海洋中寻找到对自己有启发的智慧点滴。

愿读者能够在生活中自如地应用从本书中学到的经济学智慧，让自己的日子过得更舒坦。

第一章 | **像经济学家一样思考**
——另类解读日常生活中的经济学现象

第二章 | **博弈中的经济学智慧**
——找到最优策略的经济学博弈论

第三章 | **职场达人不会吐露的秘密**
——让你身价倍增的职场经济学

第六章 ┃ 一只"看不见的手"
　　　　——把握供求关系的市场经济学

第七章 ┃ 好生意不靠碰撞靠技巧
　　　　——助你决胜商海的经营经济学

第一章

像经济学家一样思考

——另类解读日常生活中的经济学现象

穷人更穷，富人更富
——马太效应

在生活中我们常常会注意到这样的现象：有的人自身经济条件不错，又善于累积财富，结果变得越来越富有；但也有一些人，虽然也在不断地工作、打拼，手中的财富却在悄然缩水，甚至还会变得越来越贫困。对于这种看似不公平的现象，在经济学中有一个术语来称呼它，那就是"马太效应"。

所谓"马太效应"，最初是由美国学者罗伯特·莫顿提出的用以概括两极分化现象的术语，莫顿认为：任何个体、群体或地区，在某一个方面（如金钱、名誉、地位等）获得成功和进步后，就会产生一种积累优势，从而会有更多的机会取得更大的成功和进步。后来经济学家借用了"马太效应"，用来描述"穷人更穷，富人更富，赢家通吃"广泛存在的经济学现象。

下面这个案例可以帮助我们更加直观地认识"马太效应"：

2012年春天，两个年轻人阿东和阿远相约一起到深圳市去打工。最初，他们一起进入了一家制造企业，成为生产部门的工人。这份工作有些枯燥，阿东渐渐没了兴趣，抱着"做一天和尚撞一天钟"的心态应付着每天的任务，拿着最低级别的工资。而阿远的做法却截然相反，他如饥似渴地从工作中学习知识、提高技术，仅用了两年时间，就成为厂里的技术骨干，多次获得上级的嘉奖，工资级别也提升了好几级，比阿东每月的收入多出了几倍。

尽管如此，阿远却不觉得满足，他决定回到家乡，凭借自己的所学自主创业。阿东听到他的这个想法后，连忙劝阻，说"创业风险太大，不如就享受现在的稳定生活吧"。可是阿远已经打定了主意，他毅然辞职，回到家乡，办起了自己的小厂。经过几年的辛苦经营，到2016年年底，阿远已经建立了稳定的客户群，生产的产品供不应求，利润逐年倍增，阿远也成了当地人人称道的成功人士，积累起了属于自己的财富。2017年，阿远又用手中的资金引进了先进设备，并扩大厂房，让自己的事业更上一层楼。

与此同时，仍然在打工的阿东却遇到了一些麻烦事：公司准备进行裁员，阿东和一些技术水平一般的工人都在名单之上。眼看连最基本的收入都将无法保住，阿东烦恼不已，不知怎样才能找到出路……

在这个案例中，阿东和阿远这两个年轻人可以说是从同样的"起跑线"上出发的，可是一段时间过去后，两人境遇却大大不同。阿远凭借着聪明才智和努力奋斗的精神，为自己赢得了可观的财富，而在拥有财富后，阿远也没有贪图享乐，而是积极主动地去经营财富，实现了财富的增值，让自己变得越来越富有和成功；与阿远相比，阿东就表现出了典型的"穷人思维"：他安于现状，不思进取，只图眼前利益，不顾长远发展，这样只会让自己受到无形的限制，无法获取更多财富。

从阿东和阿远的经历来看，穷人更穷、富人更富的"马太效应"归根结底还是由心态的不同、思维的不同造成的。一些人缺少商业知识，对商业环节没有清楚的认识，也没有形成正确地对待财富的态度，又习惯于长期待在创富的安全区，消停地享受生活，那么就无法改变现状，只能接受"越来越穷"的命运。

那么，有没有办法摆脱这种心态和思维呢？答案是肯定的。我们不妨从以下几个方面做起：

❖ 做好人生规划，找到最适合自己的财富通道

为了避免成为碌碌无为、越忙越穷的人，我们还应当尽早做好人生规划，思考人生愿景和使命，并想办法找到最适合自己的财富通道。国外一些著名的学者就曾经做过相关的研究，他们发现同时毕业的一批成绩优秀

的名校高才生，在社会上的发展轨迹却大相径庭，而这与他们是否有清晰的人生规划有很大的关系。那些最终能够进入社会顶尖阶层，成为大量财富拥有者的精英人才无一例外都有着对人生的长远规划，他们很清楚自己应该向什么方向努力，所以不会像"无头苍蝇"一样盲目地乱撞，也不会浪费时间、精力在价值不大的项目上。相反，那些不善于进行人生规划的人就很容易陷入"穷忙""瞎忙"的状态，很有可能付出了很多时间、精力却一无所获。

❖ 培养投资意识，不光要投资于外物，还要投资于自身

想要避免成为"马太效应"的牺牲品，就还要注意培养自己的投资意识。这种"投资"包含两个方面：第一个方面是投资于各种有增值前景的资产，通过投资，才能让有限的资金像滚雪球一样不断增加，才有可能实现"钱生钱"的目标，让我们能够拥有真正的财务自由。

至于另一个方面则是要进行自我投资，也就是要通过多种途径去增加自身的价值，比如我们可以通过努力工作积累丰富的工作经验，提升自己的专业技能；又如我们可以接受各种额外的培训和教育，阅读多种多样的书籍，使自己的综合素质、个人素养能够变得更加完善。这些自我投资虽然要花费不少时间、精力和金钱，却能够让我们从人群中脱颖而出，并能赢得很多难得的创富机遇。

❖ 用经济学知识武装自己，凭眼光和魄力获取更多财富

我们常常会羡慕那些杰出的企业家能够轻轻松松地在市场上大有斩获，可事实上，他们之所以能够准确地发现那些含金量最高的项目和他人没有注意到的"蓝海"领域，正是因为他们有丰富的知识积累，才能逐渐把握商业社会的经济运作规律，并能够从中找到有价值的线索。

因此，我们也应当学着像他人一样不断地学习、积累经济学知识，去研究各种各样的经济现象，并试着像他人一样分析现象背后隐藏的本质，这样才有可能找到一些稍纵即逝的宝贵机会，去勇敢地抓住机会，立即采取行动，以便挖掘到人生中的"第一桶金"。

钱为什么越来越不值钱
——通货膨胀

很多人可能都会觉得"钱越来越不值钱了"，同样的 100 元钱，能够购买的商品似乎越来越少。造成这种情况的根本原因就是通货膨胀，用通俗的语言来解释，通货膨胀就是在一段特定的时期内，由于流通中的货币数量超过了经济实际需要，从而引起了货币贬值、物价水平全面上涨、人们的购买力下降等种种问题。

对于个人来说，通货膨胀最明显也是最直接的影响就是物价上涨。在下面的案例中，一位家住陕西省的龚阿姨对物价上涨就有很多具体直观的感受。

2017 年的 2 月，龚阿姨到一家幼儿园为家中的小孙女报名。这家幼儿园每月的费用原本为 2000 元，可是进入 2017 年后，园长宣布每月费用上涨到 3000 元，幼儿的伙食费也从每天的 10 元上调为 15 元。龚阿姨和很多前来报名的家长对此都感到不太理解，听到了他们的质疑声后，园长耐心地解释道："请大家体谅我们幼儿园的难处，现在物价上涨太快，房租逐年提高，再加上设备更新需要投入大量费用，员工工资也跟着水涨船高，我们幼儿园也是迫于无奈才做出了上调费用的决定……"

园长的话让龚阿姨觉得很有道理，她颇有同感地发言道："可不是，菜市场上的鸡蛋、牛肉、鸡肉价格比去年都提升了，天然气的价格也比去年贵了。这么想想学费上涨也是合理的。"龚阿姨的话语引起了家长们的共鸣，大家你一言我一语，都说起了物价问题，有的说药店里的一袋棉签都涨了 1 元钱，有的说自己的房租比去年涨了不少钱……最后龚阿姨不由得感慨道："现在的钱真是越来越不值钱了啊！"

龚阿姨所遇到的问题其实就是"通货膨胀"的一种表现，它会使货币发生贬值，商品价格上涨，会为个人带来一定的生活压力。经济学家们还用通货膨胀率来具体地衡量通货膨胀引起货币贬值的程度，其计算公式为：通货膨胀率（价格上涨率）＝（已发行的货币量－流通中实际所需要的货币量）/流通中实际所需要的货币量×100%。其中年通货膨胀率为个位数的情况属于低通货膨胀，它对于个人的影响也是较小的；但要是年通货膨胀率达到两位数或更多，则为急剧通货膨胀，此时个人对于通货膨胀会有十分明显的感觉，很多人可能不愿保存货币，而是会大量抢购囤积商品以达到保值的目的；若是年通货膨胀率无限增长，就出现了恶性的通货膨胀，货币会急剧贬值，市场会陷入一片混乱，人们的生活也会受到灾难性的影响。

那么，个人可以采取哪些措施来抵消通货膨胀对自己的负面影响呢？

❖ 让自己的资金能够"动"起来

很多个人或家庭对于经济学常识并不是非常了解，也不善于进行投资理财，出于安全的考虑，往往会将自己的全部资金都存在银行里，或是用于购买国债等低风险的理财产品。但是在通货膨胀的影响下，存在银行或是购买国债的资金正在不停地贬值，虽然我们能够获得一定的利息，但毕竟数量有限，可能很难弥补因为通货膨胀而带来的贬值损失。

所以，为了尽量减少自己的损失，我们应当学一些理财常识，并要合理进行投资规划，不要让自己的资金静静地"躺"在银行账户里，而是应当让资金流动起来，从基金、股票、投资性保险产品、本外币理财产品等多种渠道为我们带来更多的收益，这样才能够更好地抵御通货膨胀对个人和家庭财富的侵蚀。

❖ 多持有能够抵御通货膨胀风险的资产

我们还应当注意到，通货膨胀虽然会使货币财富发生贬值，但同时也会使商品价格不断上涨，所以我们还可以通过持有这类在通货膨胀时价格飞涨的商品来消除风险、获取收益。与此同时，我们还要避免持有那些贬值速度较快的实物商品，比如汽车、电子数码产品等，这类商品在购买时常常需要花费大量资金，可是往往只要一两年的时间后其价值就会大打折扣，很难找到有效的增值空间，所以出于抵御通货膨胀我们应当尽量避免购买不必要的商品。

破旧的钱币总是会先被花出去
——劣币驱逐良币

劣币驱逐良币是 16 世纪由英国的一位财政大臣格雷欣提出的，因此也叫"格雷欣现象""格雷欣法则"，说的就是消费者偏向于保留储存成色高的货币，而使用成色低的货币来进行市场交易和流通。

"劣币驱逐良币"的这种经济现象不仅存在于货币流通流域，在我们的现实生活中也比比皆是。下面就让我们来看两个相关的案例。

庄先生每天都要乘坐公交汽车去上班。由于他上车的车站是当地的一个交通枢纽，所以每天都有大量乘客在车站等候。最初大家都会有默契地自觉排成一列，按照先后顺序上车。可有的时候也会出现一些不守秩序的人，他们为了早点上车，就会直接挤到队伍的前列，引起了很多人的不满。每次汽车一到站，这些爱插队的人也总是拼命地往车上挤，也不管自己是不是挤到了别人。不过，他们这样乱挤乱塞，倒是每次都能给自己抢到一个不错的座位。而庄先生这样"守规矩"的乘客却饱受其苦，不是没有座位就是挤不上车。后来，庄先生和其他乘客也开始"破罐子破摔"了，学着那些人的样子挤了起来，整个车站的秩序混乱不堪，每次乘车都好像在进行体力比赛，人人苦不堪言，却也没有办法解决问题。

研究生毕业的小郑在一家私营企业找到了工作，小郑对待工作认真负责、一丝不苟，不但认真做好分内的工作，还发挥聪明才智，改进了企业的电子文档管理流程，为企业做出了贡献。可是年终评奖的时候，小郑惊讶地发现自己的绩效工资与其他员工相差不大。有几个平时迟到早退、完成任务拖拖拉拉的员工，靠着自己良好的"人际关系"竟然也拿到了可观的奖金，有的绩效工资比小郑还高。这个结果让小郑觉得十分心寒，没过多久，小郑就选择了辞职，毫不留恋地离开了这家公司。

在这两个案例中，都出现了"劣币驱逐良币"的问题，遵守秩序的乘客、工作态度积极的员工就相当于"良币"，破坏秩序的乘客、工作态度消极的员工则相当于"劣币"，由于缺乏相应的制度约束，使得"劣币"拥有了更多的"市场"，而"良币"则会受到排挤。时间长了，"良币"要么选择自暴自弃，把自己也变成"劣币"，要么选择离开"市场"。如此一来，"劣币驱逐良币"的效应就会越来越强，对于整个社会环境、市场环境都会产生十分不利的影响。

想要改变这种局面，一方面要依靠制度的力量，对"劣币"进行坚决的清理，以整肃风气，给"良币"以更多的生存环境；另一方面也需要依靠我们每个人的力量，自觉地维护公平和正义，坚守正确的价值导向，才能形成有利于保护"良币"的风气和文化。

比如在生活中，如果遇到"劣币"公然挑战社会秩序，影响他人利益的情况，我们不能听之任之，而是应当坚决地与之做斗争，并号召其他人都来抵制这些错误的行为。在企业管理中，作为管理者我们不能包容"劣币"败坏组织风气，而是应当建立合理的考核制度和良好的奖惩体系，对那些"劣币"毫不留情地进行惩罚，让他们为自己的行为付出高昂的成本，这样也能够安抚"良币"的心灵，打造健康向上的组织氛围。在企业经营中，作为经营者我们不能与弄虚作假的不法商家同流合污，而是应当坚持向消费者出售货真价实的优质产品……

虽然个人的力量是微不足道的，但是如果越来越多的人都能自觉规范自己的经济行为，慢慢地"劣币"就会无处容身，也就会开始出现"良币驱逐劣币"的"反淘汰"现象，这样社会秩序将更加规范，市场环境将更加健康，我们每个人也将能够以合理的形式收获更多的经济效益。

牛奶装在方盒里，可乐却装在圆瓶里卖
——成本效益原则

当你走进一家超市时，一定会发现一个有趣的现象：几乎所有的软饮料，不管是矿泉水、可乐，还是果汁、椰汁，都装在圆柱形的玻璃瓶或铝罐内售卖。可是牛奶总是被放在方形的盒子里出售。你有没有想过，这是为什么呢？

如果用经济学家的思维去分析这种现象，我们就能很快抓住问题的关键了。原来这种包装与包装的区别依据的还是成本效益原则，也就说要对经济活动中的所费和所得进行比较，使成本与收益能够达到最优的组合，以求谋取更多的盈利。

就像商家在制作饮料包装的时候，会考虑到储存成本的问题。方形的容器可以紧密地排列在一起，要比圆形容器更能节约空间，而且牛奶又要放在冰柜里保存，比普通的开放式货架成本更高，所以牛奶放在方盒子出售成本较低。那么，其他饮料为什么放在圆瓶里卖呢？原来人们往往会拿起瓶子直接饮用，圆瓶使用起来更加顺手，也方便携带。不仅如此，圆瓶比起方盒子来说，还有不易变形、不易损坏的优点，所以更受消费者的青睐，能够提升销量，增进效益，而且这部分效益远远大于储存时耗费的成本。因此从成本 – 效益反复衡量，商家就逐渐习惯将牛奶放在方盒里，可乐等饮料放在圆瓶中出售了。

在生活中像这样的例子不胜枚举，比如我们可以打开家中的冰箱看一看，就会发现只有冷藏室会亮灯，而冷冻室却不会亮。这种问题也可以用成本效益原则来分析，一方面，从收益来看，在冰箱中安装一盏灯，可以让我们平时拿取东西时更加方便。另一方面，从成本看，冷冻室被打开的频率显然大大低于冷藏室，所以为了节约成本，没必要在冷冻室再多安装一盏灯，因此目前这种安装灯的方案就是最为经济、划算的。

对于我们个人来说，在参与各种经济活动的时候也应当多思考、多衡量，要对成本、效益进行分析，才能找到对自己来说最为"划算"的方案。

在下面这个案例中，一位大学毕业生就通过成本效益原则找到了适合自己的未来发展方案：

夏琪是 2016 届的大学毕业生，在毕业后她想报考研究生，继续深造。不过家人有的建议她出国就读，有的建议她参加工作。

面对这 3 种选择，夏琪难以抉择。幸好她的父亲帮她做了一个成本效益分析，才让她的思路变得清楚多了。

父亲首先对"出国就读"这个方案进行了分析，从成本来看，出国就读需要花费大量的学费、生活费、签证费等，每年投入至少要 20 万元人民币。如果夏琪准备在国外深造 4 年，最少要准备 80 万元人民币的资金。而且在国外待的时间久了，可能会与国内发展速度脱节，回国后一时之间可能难以适应；不过如果从收益来看，在国外能够学习更多的知识和技能，还能够开阔视野，有助于提升个人素质。

接下来，父亲又对"留校读研"这个方案进行了分析。同样从成本来看，就读研究生也需要投入学费、生活费等成本，不过要比出国留学低得多，大概每年的花费不会超过 2 万元人民币。从收益来看，就读研究生能够学习更高层次的知识，认识问题、解决问题的能力都会大大提高，而且拥有高学历后，在人才市场上也会获得更多的优势。

最后，父亲对"马上参加工作"这个方案进行了分析。从成本来看，主要是找工作需要花费一些交通费、通信费、置装费等，金额比较有限，大约不会超过 5000 元。不过因为受学历限制，可能不太容易找到心仪的工作，而且未来的发展可能也会受到学历的限制；从效益来看，尽快参加工作能够及早获得收入，并可以接触社会，学习到一些实用的知识和技能，办事能力会提高，人际关系也会拓宽。

通过这样的一番分析后，夏琪权衡得失，认为"出国留学"的成本较大，可能会加重家人的负担；而"立即参加工作"的收益较小，不利于自己的长远发展。所以，她最终选择了"留校读研"，认为这是对自己来说最为"经济"的方案。

这个案例也告诉我们，如果遇到难以抉择的情况，可以从经济学的角度对成本收益进行分析，可以将方案中可能发生的成本和收益一项一项地列举出来，再用数量分析的方法来进行对比。如此一来，某个方案是否值得进行就一目了然了。

需要提醒的是，我们在分析成本和收益的时候一定要注意，成本既有直接的、有形的成本，又有间接的、无形的成本；效益也有直接的、有形的效益和间接的、无形的效益，所以我们在分析时不能只考虑有形的成本和收益，却忽略了无形的东西，那样做出的选择就会出现偏颇。因此，只有考虑周详、全面，才能找到最为经济、划算的方案。

为什么越来越多的年轻人要逃离"北上广"
——生活成本

曾几何时，北京、上海、广州等经济发达的大城市一直是很多人向往的工作和居住地，可是最近几年却出现了一种比较流行的现象，叫"逃离北上广"。一些在一线城市就读大学，毕业后又留在这些城市工作、打拼的年轻人纷纷选择回家乡或是到二三线城市发展，这种情况不禁引起了人们的深思。

在一线城市，年轻人虽然能够获得更多工作方面的机遇，但是也要承受更加沉重的生活成本。这些成本包括了衣、食、住、行、用等各个方面产生的各类成本，一线城市近年来生活成本的攀升速度远远超过其他城市，让工作在这里的年轻人感受到了越来越大的压力。据2016年的一份《全球生活成本调查报告》显示，与其他亚洲国家相比，中国一线城市的生活成本普遍处于较高的水平，其中上海的生活成本在全球排行榜上名列第11位，深圳、北京、广州、天津等城市也进入了排行榜前60位。与2015年相比，深圳的生活成本排名上升了12位，上海、北京则分别上升了13位和15位。

在不断攀升的生活成本中，居住成本尤其让很多年轻人感到难以承受。每个月花费在租房或房贷上的支出往往占据了薪金收入的一大部分，再加上就餐、购置服装、通勤交通、通信等各项费用，每月能够结余的薪金已经所剩无几，根本没有余力用于娱乐或其他项目。长时间过着这样捉襟见肘的生活，无怪乎这些年轻人会产生逃离北上广的念头。

小秦就是这样一个不堪承受过高的生活成本而逃离北京的年轻人。2015年，小秦从北京理工大学毕业后，在一家不错的互联网公司找到了工作，担任软件工程师，月薪15000元。按理来说这份薪水已经可以算是比较丰厚的了，但小秦却仍有入不敷出的感觉。

由于北京房价高昂，小秦在一个距离公司较远的小区租下了一套一室一厅的房子，面积只有53平方米，月租金却高达3800元。除了租金昂贵外，小秦每天的通勤也成了大问题，由于北京交通拥堵问题严重，小秦为了上班不迟到，每天必须早起2个小时，然后辗转坐公共汽车、地铁，最少也要花费一个半小时的时间才能赶到公司。半年后，小秦实在受不了这份辛苦，就选择搬家到了公司附近。

可是这样一来，小秦每月在房租上就要花费5000多元，再加上他不太会打理生活开支，造成手中余钱所剩无几。小秦曾经梦想着能够在北京拥有一套属于自己的房子，可是看看存折上的数字，再想想北京不断高涨的房价，他就只能摇头叹气一番，告诉自己买房并不现实。

2017年年底，小秦在犹豫再三后，终于打定主意回老家发展。虽然对北京万般不舍，但小秦实在是承受不了北京昂贵的生活成本了……

像小秦这样怀着遗憾的心情离开"北上广"等一线城市的年轻人并非少数，这固然有生活成本过高造成的结果，但也从侧面提醒了我们，想要更好地打理自己的生活，就一定要从经济学的角度做好判断，特别是要重视"生活成本"，要根据生活成本和自己的收入水平以及未来的发展前景，选择最适合自己发展的地区和城市，使自己既能够发挥个人能力，取得更好的发展，又不用承受太大的生活压力，能够更加轻松、愉快的生活。

就像一些始终无法适应一线城市激烈的社会竞争和巨大生活压力的年轻人，选择移居到中小城市也是一种不错的选择。在这里经济条件虽然比不上一线城市，但生活和工作节奏相对要慢不少，而且中小城市的生活成本要比一线城市低很多，可以让年轻人减少很多身心压力，生活的幸福感也会随之大大提升。

当然凡事有利也有弊，我们也应当注意到一线城市确实有很多其他城市无法比拟的优点，比如信息传递速度更快、对口的职位更多、竞争环境相对更加公开、工资水平相对更高、创业空间更加广阔等，所以我们在做出逃离"北上广"的决策时还是应该更加慎重一些，要多从长远的角度考虑问题。假如我们能够想办法提升自己的竞争能力，提高自己的收入水平，并能够学会科学理财，就能够在一定程度上抵消生活成本攀升带来的压力。所以是"走"是"留"，都应该是理性行为，而不应当成为一时的冲动之举。

为什么航空公司要超售机票
——帕累托最优

经常坐飞机的乘客可能会遇到机票"超售"的问题，也就是说航空公司在出售飞机票的时候，往往不会按照实际的座位数出售同样数量的机票，而是会按照一定的"超售比率"多卖出一些机票。这种现象让很多乘客感到十分不解，但实际上它可以用经济学上的帕累托最优法则来解释。

帕累托最优法则，也叫作帕累托效率、帕累托改善，是由意大利经济学家维弗雷多·帕累托最先提出的，它指的是资源分配的一种理想状态，即资源得到了充分的利用，供给等于需求，商家的产品或服务全部出售、没有浪费，而消费者也得到了想要的产品和服务，每个经济主体都能够实现利益最大化和供求均衡。

航空公司之所以超售机票，其根本目的也是想要达到帕累托最优的理想状态。因为飞机不同于火车、公交汽车等交通工具，不可能到站停车接收更多乘客。飞机从一开始起飞就不可能再补充新的乘客了，但若是有的乘客购买了机票却因故未能登机，就会造成座位闲置，这无疑是一种资源的浪费。所以，为了避免出现这种情况，让每一个座位都能产生更多价值，航空公司就会采取多卖一些机票的做法，这样不但能够实现帕累托最优，还能为航空公司创造更多的额外的利润。

从乘客个人的角度来看，机票超售既有好处又有一定的风险。因为航空公司出售的机票越多，乘客购买机票的难度就会越低，对于乘客出行来说确实提供了一定的方便。而且遇到了飞机超员问题，有的航空公司会给出相应的补偿措施，比如会对乘客提供升舱服务，将经济舱升到商务舱甚至头等舱；有的航空公司还会对同意改签的乘客提供比较可观的补偿金等，可以让乘客以较低的成本获得较高的收益。

不过，要是乘客对出行时间有很高的要求，不愿意接受改签的安排，而航空公司的补偿措施也没有做到位，乘客就很容易和航空公司陷入纠纷，并且自身权益也会受到严重损害。在这方面也有过不少的案例。

2017年9月13日，一位姓秦的先生从网上订购了一张从上海浦东国际机场飞往美国肯尼迪机场的机票，价格为3162元，起飞时间是9月26日，航空公司当天完成了出票。没想到9月26日秦先生到机场办理值机手续的时候，工作人员却声称由于航班超售无法登机，可以帮秦先生安排其他的航班。

秦先生对此感到十分不满，因为他去美国是要参加一个国际性的学术会议，本来已经订好了行程，会议主办方还为他安排了发言环节。可是现在至少要晚20个小时才能到达，订好的酒店、轿车等费用都会白白损失一些，预定的行程也要被打乱，会给自己带来很多困扰。于是，秦先生坚持不接受工作人员的安排，强烈要求必须马上登机。但是工作人员表示实在无法为他安排，如果他不接受改签，也可以帮他安排退票。

秦先生在万般无奈下，只好同意了改签。在回国后，秦先生立刻将该航空公司告上了法庭，说它们故意不告知乘客超售情况，为了谋取商业利益肆意对乘客进行欺诈。秦先生要求航空公司向自己正式道歉并赔偿经济损失和精神补偿费 13000 元。

　　法院在审理此案件时，考虑到了航空公司的立场，对他们的做法表示了理解，但同时也指出航空公司的初衷虽然称不上是欺诈，但确实造成了乘客行程延误，构成了违约，需要向乘客进行相应补偿。最终，法院判处航空公司赔偿秦先生经济损失 5769 元，精神损失不予赔偿。秦先生对于这个结果并不满意，还在准备继续上诉……

　　在秦先生遇到的超售问题中，航空公司虽然最初提出了退票或改签的替代方案，但秦先生并不满意，这样实际上没能达到帕累托最优的状态，因为乘客的个人利益受到了损失，航空公司却没有提供相应的补偿，这必然会引起乘客的愤怒。这也说明在经济社会中，谁都不能够单纯地只想自己获利，却不顾他人是否会受到损失，否则必然会造成严重的后果。

　　那么，该如何解决这种超售引起的矛盾或纠纷呢？经济学家们给出的办法是不断进行"帕累托改良"，也就是说，航空公司要拿出更加实惠、真诚的补偿措施，而乘客个人也应当积极地与航空公司沟通，表达自己的诉求，这样双方可以商讨出最佳的解决方案，使得双方都能从中受益，从而可以实现供给与需求的微妙的平衡。

　　比如，美国的一些航空公司在售票的时候，会交给乘客一个信封和一份投标书，让乘客自行填写遇到飞行延误时能够接受的最低赔偿金额，这样飞机在出现超员问题后，航空公司会按照投标书中的最小数字给予乘客经济补偿，并优先对这些乘客改签，帮助他们尽早完成出行计划，那么各方的利益就都能够获得保障，矛盾和纠纷也就会迎刃而解了。

　　像这样的尝试就是在进行"帕累托改良"的努力，可以为帕累托最优的实现创造条件。而乘客个人除了要注意保障自己的合法权益外，也要多学习和了解一些经济学知识，这样在遇到类似问题的时候就不会过于急躁，而是以理性的态度去商讨解决问题的最优方案，用"帕累托最优"的原理为自己争取更多的利益。

为什么有些人喜欢叫外卖
——时间价值

随着互联网的发展，外卖点餐越来越流行了。有很多人到了吃饭的时间，都会很自然地掏出手机，给自己订一份可口的餐食。更有不少人已经习惯了叫外卖的生活，自己很少会去认认真真地做一顿饭了。

为什么他们这么喜欢叫外卖呢？是因为他们太过懒惰，还是因为外卖更加美味可口，让他们无法拒绝？这些都不是问题的根本原因。经济学家早已给出了正确的答案，那就是一个看上去非常简单的词语——时间价值。

有句谚语说得好，"一寸光阴一寸金，寸金难买寸光阴"，时间的价值就是这么宝贵，我们每个人拥有的时间都是有限的，失去就再难找回。因此，如何让自己的时间能够产生出最大的价值，就是每一个人都要用心思考的问题，比如我用一个小时的时间读了一会儿书，学到了一些新知识，就要比用这些时间玩游戏或发呆的价值高得多。

当然，这样的衡量方法有些抽象，为了更加具体地了解时间价值，我们还可以记录一下自己每天用来赚钱的时间和赚到的金额，然后用简单的"收入/时间"的公式来计算自己的时间价值。这个方法对于大多数人都是有效的，可以让我们用最短的时间大致地算出自己的时间价值。

在了解了自己的时间价值后，我们就可以计算一下自己做饭和叫外卖哪一种更加"合算"，比如在下面的案例中，一位企业管理人员就发现叫外卖对自己来说更加值得。

小汤在一家外资企业担任部门经理，他每个月的税后收入接近 30000 元，按每个月有 26 个工作日，每天有 8 小时工作时间来计算，小汤花费的时间是 8×26=208 小时，那么时间价值大约是30000/208=144.23 元 / 小时。

小汤平时工作很忙，没有时间做饭，一般都是选择叫外卖，一份有主食、两份菜肴、一份汤的套餐价格平均为 25 元。小汤每天变着花样订餐，倒也没有为吃饭的问题感到烦恼。一天下午，回到家后，小汤突发奇想，决定给自己做一顿饭吃。他先是去菜市场买了几样菜，花费时间 30 分钟；又回到家中清洗、加工、烹煮，花费时间 40 分钟；吃完饭后，小汤又花了 20 分钟将锅碗瓢盆清洗干净，自己感觉累得够呛。

小汤坐在沙发上休息了一会儿，顺便给自己算了个"时间账"：为了吃这顿饭，他总共花费的时间为（30+40+20）/60=1.5 小时，根据自己的时间价值，在这段时间内他本来可以产出约 144.23×1.5=216.35 元的收益，更何况买菜需要花钱，做菜时也要付出燃气费、配料费等成本，显然做一顿饭要比叫一顿外卖贵得多了，所以小汤认为自己做饭并不合算。

由于小汤的时间价值较高，那么把时间花在买菜、做饭、清洗等事情上，就是不合算的。但要是时间价值较低，每小时能够赚取到的收入较少，比如每小时的价值不足 25 元，那么叫外卖就会成为一种"浪费"，反而自己做饭才是更加经济的选择。

同样的道理，假如我们在出行时有步行、坐公交车、坐地铁、打车这几种选择，那么也可以根据自己的时间价值来挑选最适合自己的方式。如果自己的时间价值高昂，那么就可以选择最能节省时间的打车的方式；如果时间价值很低，为了更加合算，我们就可以选择坐公交车、地铁或步行出行，当然也要为此额外地付出一些时间。

在购物方面也可以进行类似的选择。假如我们的时间价值较高，那就不要因想买到最为实惠的商品，而浪费太多时间在网页上挑挑拣拣，因为这样节省下来的金钱可能还无法弥补我们的时间价值。与其反反复复多花时间货比三家，还不如直接到值得信赖的品牌店铺购买商品，虽然价格可能会更高一些，但能够节省不少时间，就不会让时间价值遭受损失。

也就是说，我们做任何事之前都应当先与自己的时间价值进行对比，才能让宝贵的时间发挥出应有的作用。当然，在具体进行选择时要注意不能只看眼前的利弊，还要思考时间的长期回报，比如我们准备花一些时间来学习一门外语，在短时间内收益肯定不高，可是考虑到未来可能发生的结果，学外语能够产生的价值就难以估算了，因为它可能给我们带来更多的工作机遇，有可能让我们的收入和时间价值倍增。所以，在计算时间价值的时候还要学会从长远的角度看问题，这样才能够做出更加经济、有效的决策。

楼道灯泡坏了也没人换
——有限理性人

理性人假设，也叫"经济人假设""最大化原则"，是西方经济学中最基本的前提假设。它说的是每一个从事经济活动的主体都是充满理性的，都要以最小的经济代价去获得最大的经济效益。如果需要面临两种以上的选择，理性经济人也总是会从利己的方向做出对自己更加有利的选择。

然而，在现实生活中，因为人们对于事物的认知能力和判断能力是有限的，也无法预见一些方案的实施后果，并从中做出最优的选择，所以我们会看到很少有人能够表现出"完全理性"，有时人们常常会做出不够理性的选择，即表现为"有限理性"。

老何一家住在一栋年久失修的居民楼里，楼道里的灯泡经常坏，导致晚上下楼梯时视野一片漆黑。

一天，老何的儿子买了个灯泡，还搬了一把椅子，准备到楼道里换上。老何一看，连忙阻拦。儿子感到很奇怪，问他为什么。老何故作神秘地压低了声音，用手指着对门的邻居说："凭什么他们不来换灯泡啊？楼道又不是咱们一家的。"

老何的儿子禁不住老何的再三劝阻，也就打消了换灯泡的念头。老何天天在家等着邻居换灯泡，可是总不见邻居有这方面的打算。老何越来越生气了，他经常对着对门的方向撇嘴道："我就没见过这么自私的人！"

就这样，楼道一天天地保持着黑暗，两家人也习惯了摸摸索索地上楼。直到有一天，老何下楼梯的时候一不小心滑了一跤，摔伤了腰，花了不少医药费不说，还不得不在床上躺着。这时候他才感到了后悔，赶紧让儿子把灯泡装上了。

在这个故事中，老何和对门的邻居无疑都是理性经济人的代表，他们精于算计，总想着自己可以少付出一些"成本"，多获得一些"收益"，可是他们却错误地判断了得失：只知道换灯泡会付出成本，却没有估计到长期在黑暗中上下楼梯可能造成安全问题，结果就产生了错误的选择，导致自己遭受了更多的损失，成了"理性的傻瓜"。

由此可见，经济人的理性其实是一种"有限理性"，而要避免这种有限理性，就要注意以下几点。

❖ 预防认知偏差对决策的影响

认知偏差可能发生在信息获取、加工、输出、反馈的任何一个环节，比如我们的记忆出现了偏差，或是信息来源有误，都会让信息获取环节出现问题；再如有些人认识问题喜欢以偏概全、先入为主，或是受到心境、情绪的影响，也会在信息加工环节产生各种各样的偏差；而在信息输出、反馈环节，人们也常会有过度自信、后见之明之类的谬误，这些都会导致自己无法正确认识问题，继而就会出现决策的失误。因此，我们在做出各种决策时，应当进行自我检视，以避免认知偏差对自己造成误导。

❖ 充分考虑风险因素

如果我们同时面临几个备选答案，那么在进行决策时，就一定不能忽略对于风险的评估。我们应当综合地分析每一种方案的收益、成本和可能遭遇的风险，这样才能更加合理地做出取舍。比如在本节案例中，老何只考虑到了成本、收益，却没有预估到楼道漆黑会造成的安全方面的风险，结果做出了不够理性的决策。这也提醒了"有限理性人"，应当提高自己的风险意识，谨慎决策，才能尽可能地减少损失、提高收益。

❖ 不光要追求满意方案，还要追求最优方案

对于有限理性人来说，做出决策的标准不再是追求效用最大化，而是追求内心的相对满意，这样他们往往不愿费力寻求最优方案。美国的一位经济学家曾举过这样一个例子：假设有人去剧院看音乐会，门票价格20美元。如果不慎弄丢了门票，很多人可能会自认倒霉，不会再额外花钱购买门票。可要是在去剧院的路上弄丢了20美元，很多人就会觉得丢失的钱和欣赏音乐会没有关系，所以会愿意花钱购买门票。之所以会出现这样两种不同的判断结果，就是因为人们总是喜欢追求让自己满意的方案，而不是追求最优方案——再买一张票。

因此，我们在决策时还要多问问自己——"这是目前最好的决定吗？"，我们只有转变思维，多从经济学的角度考虑问题，才会突破"有限理性"的限制，努力向"完全理性"靠近，也才能够为自己赢取更多的收益。

第二章

博弈中的经济学智慧

——找到最优策略的经济学博弈论

肯德基旁边为何总有麦当劳

——纳什均衡

肯德基和麦当劳是我们非常熟悉的两个著名的"洋快餐"品牌，其中肯德基隶属于百胜餐饮集团，而麦当劳则是麦当劳公司（麦当劳中国分公司于 2017 年 10 月 12 日更名为金拱门有限公司）开办的全球大型跨国连锁餐厅。

这两个品牌都向消费者提供经典西式口味的食品，又分属不同公司，看上去应当是激烈竞争的关系，可令人感到奇怪的是，这两个品牌的餐厅在选址时总是"如影随形"，一般在城市里有麦当劳的地方，旁边不远的地方总是会有一家肯德基。肯德基为什么一定要开在麦当劳旁边呢？这其实不是一个偶然的现象，而是"纳什均衡"原理在商业生活中的具体体现。

纳什均衡是博弈论中的一个重要的术语，它的经济学定义指的是"参与人的这样一种策略组合，在该策略组合上，任何参与人单独改变策略都不会得到好处。换句话说，如果在一个策略组合上，当所有其他人都不改变策略时，没有人会改变自己的策略，则该策略组合就是一个'纳什均衡'。"

对博弈论不太了解的人可能会弄不明白这些复杂的定义，那么我们就用下面这个通俗易懂的例子来具体解释一下"纳什均衡"的应用。

在一条繁华的大街上，每天早上 6 点左右，都会有一个中年人推着小车来卖早点。他出售的早点口感好、干净卫生，价格又便宜，所以颇受路人的欢迎。中年人将早点车设在了大街的中心位置，这样更多的路人能够看到小车，就可以让中年人卖出更多的早点。

没过多久，一个年轻人注意到中年人的早点车生意非常火爆，便产生了羡慕之情，也学着样子推着小车来到大街上。年轻人出售的早点品种和中年人差不多，定价也相差无几，也吸引了不少路人的注意。中年人虽然觉得很不满，但也无可奈何，最终只好默默地选择与年轻人平分这条大街：他们分别移动到街道一头，各自享有50%的消费者，而且消费者无须走远路就能够买到早餐，这种情况看上去非常理想。

在相安无事了一段时间后，年轻人对现状有些不满足了。一天早上，他故意提早出发，抢在中年人到来之前，将自己的早点车摆在了大街中心的位置。等到中年人赶来时，发现情况对自己十分不利，有一部分消费者被年轻人夺走了。

中年人非常生气，但他没有当场发脾气，而是学着年轻人的做法，在第二天天还没亮的时候就赶到了大街上，不过他没有将早点车摆在大街的中心位置，而是向右移动了一段距离，"入侵"了年轻人的右半边街道，他认为这样可以分得更多的消费者。

可是让中年人意想不到的是，年轻人到来后并没有"按牌理出牌"，而是毫不客气地将早点摊摆在离中年人不远的地方，不但夺走了左半边街道上的消费者，还抢走了右半边街道上的一部分消费者，留给中年人的消费者更少了。

中年人更加气愤了，他也开始移动早点车，想要改善这种局面……于是双方为了获取更多消费者，都在不停地移动。一天下来，两人都累得气喘吁吁。最后中年人首先宣布"休战"，年轻人也欣然同意。为了公平起见，双方都将早点车安置在了街道的正中央，两辆车紧紧挨在一起，共同享有整条街上的消费者……

在这个案例中，两个早点摊主通过一连串的竞争和调整，最终达成了一种"纳什均衡"——两人都不可再通过移动位置来为自己赢得更多的个人利益。虽然这种均衡可能并不是最优越的配置，无法为消费者带来更多的方便，但却称得上是最稳定的配置，可以避免很多不必要的竞争，而且还能发挥出"聚合效应"，让消费者受到一定程度的吸引。也正是因为同样的道理，麦当劳和肯德基这样目标消费者重合、业务性质相同的品牌才会倾向于将餐厅开在一起。事实上，不光麦当劳、肯德基会出现这种情况，很多同类型的超市、商场也都会比邻而居、聚合生存，这既体现了竞争思维，又能够达到共赢的结果。

至于纳什均衡带给个人的启示则有以下几个方面。

❖ 竞争应避免损人利己思想

在商业社会中，我们常常免不了会有与其他组织、个人发生竞争的情况。在竞争中，如果每个人都从自己的利益出发考虑问题，总想着为自己博取最大的利益，却不管这样做会不会损害他人的利益，那就难免会陷入恶性竞争，最后的结果就是损人而不利己，出现两败俱伤甚至损害公众利益的局面。

为了避免这种情况，我们就应当遵从"纳什均衡"原理，在谋求自身发展、追求自身利益的同时，不能损害他人或公众的利益。虽然这样的做法可能暂时无法为我们取得最大化的利益，但从长远角度来看，却能够让我们的发展环境处于一种比较稳定而安全的均衡状态，是对长远发展非常有利的做法。

❖ 策略决策要善于换位思考

《论语》中有一句名言："己所不欲，勿施于人。"说的是人们不应该将自己都不愿意承受的事情强加于他人身上。这个道理与纳什均衡有一定相同之处，在经济社会，我们做出每一项策略决策前都应当先进行换位思考，不能肆意妄为，否则对方难免也会用同样的方式来行事。就像本节案例中的两位早点摊主，最初在选择摊位时就没有做到换位思考，而是随意侵入对方的商业领域，结果引起了对方的"反击"，使得事态走向恶化的趋势。

由此可见，我们在做出决策前，应当充分理解他人的想法，并要遵守经济社会有明文规定的政策、规章和一些约定俗成的"规矩"，这样才有助于构成纳什均衡，可以避免发生很多不必要的冲突。当然，由于我们掌握的信息常常是不完全的，所以可能会引起错误的决策，为此，我们就要在决策过程即动态的博弈过程中不断地收集大量信息，以更好地了解他人的想法和规范自己的行为。

❖ 寻求合作、注重双赢或多赢

纳什均衡的一个重要启示是要寻求合作，注重双赢或多赢。因为个人的力量毕竟是十分有限的，在竞争激励的市场经济时代和互联网时代，依靠个人单打独斗是很难取得成功的，合作共赢是一种必然的选择，它能够帮助我们发现更多的商机，获取更多的资源，并与他人达成优势互补，最终能够产生"1+1 > 2"的效果。

因此，当我们在工作、经营中遇到了势均力敌的对手时，可以尝试从纳什均衡的角度出发来考虑问题，不要总想着如何打败或消灭对手，而是可以与对手在竞争中谋求合作，以互相平分资源，共谋发展，合作共赢，这样才更有可能走向成功。

为什么大酒店旁边的小旅馆生意很好
——智猪博弈

假设我们来到了一个著名的旅游城市，在准备挑选入住地点的时候，可能会注意到这样一种情况：在那些颇有名气、设施完善、口碑良好的大酒店、大宾馆周围，总是有很多不起眼的小酒店、小旅馆也在同时经营。"它们难道不怕被大酒店抢生意吗？"我们可能会产生这样的疑问。可事实上，这些小旅馆、小酒店不但不会遇到经营困难，反而大都生意不错。

这种情况可以用经济学博弈论中的"智猪博弈"来进行解释。在"智猪博弈"中，经济学家设置了这样一个情境。

有一头大猪、一头小猪被关在一个猪圈中，猪圈里有一个巨大的投食机关，一头安装着一个踏板，如果一头猪踩了踏板，另一头的投食口就会落下食物。如果小猪踩了踏板，因为它的力气小，落下的食物很少，小猪还没来得及跑过来，食物就会被大猪一抢而光，小猪就只能饿肚子了。可要是大猪踩了踏板，落下的食物很多，小猪还没吃完，大猪就可以赶过来吃掉剩下的食物，也就是说两头猪都能从中收益。

因此，如果小猪足够聪明的话，它就会选择舒舒服服地等在投食口，让大猪去踩踏板，自己不费力气就能够获得足够的食物；大猪对于这种情况可能不太乐意，但小猪的食量毕竟有限，不会对自己造成太大的影响，所以大猪也只好接受这种安排，努力去一次又一次地踩踏板……

如果将大酒店看成"大猪"，将小旅馆看成"小猪"，我们就会发现他们之间的关系恰恰与"智猪博弈"十分吻合。在激烈的市场竞争中，小旅馆在规模、服务、口碑、设施等各方面都不占优势，属于竞争中的弱者。如果盲目选择与其他竞争者正面竞争，那么很有可能付出很大代价却一无所得。于是一些小旅馆就像智慧的"小猪"一样，选择依附于大酒店，靠着大酒店吸引来的客流及其周边地区的旺盛的人气赢得了自身发展的机会。在大酒店客满为患或是游客更看重经济成本的时候，小旅馆便能"分一杯羹"，从而不断获得更多的经济效益。

贾明刚刚开办了自己的汽修厂，为了吸引客源，他拿出了不少资金在报纸上做了广告宣传，还在附近的汽车站做了几个灯箱广告。可是没过几天，贾明就发现广告灯箱被别人砸坏了。贾明和自己手下的几个工人都猜测是当地的一些汽修厂怕被抢生意偷偷做出这样的事情。

有个工人提出要去和那些人理论一番，让他们赔偿损失。可是贾明却劝阻了他，他对工人说："我们只是一家小厂，论实力根本就没有办法跟人家的大厂竞争，如果非要硬碰硬，以后还不知道会有多少麻烦。你们都别激动，我来想个好办法解决问题。"

贾明想到的是什么办法呢？他重新制作了灯箱广告，把那几家大厂的电话、地址写在显眼的位置，然后再加上自己小厂的广告，说自己只承接周边地区的维修服务。这样一来，那几家大厂看到贾明在为自己免费做广告，便不再来滋扰，贾明的汽修厂也顺顺利利地开下来了。与此同时，附近的一些客户看到了灯箱广告，还觉得贾明的厂是那些大厂的分店，对他的服务质量也产生了信任，慢慢地就都来贾明的店里消费了。贾明也有意地给客户提供一些优惠，再加上优质、及时的维修服务，让客户赞不绝口，店里的生意也越做越好了。

贾明在经营自己的小汽修厂时，就想到了一个"搭便车"的办法，他没有去和实力强大的大厂针锋相对，而是谋求与大厂和平共处，同时借助大厂的名气、口碑赢得了客户的信赖，为自己的成功奠定了基础。这样的生存和发展智慧正是从"智猪博弈"中悟出的门道：

❖ 在处于弱势时要善于等待

在自身没有什么特别的优势，与其他竞争对手相比更是处于不利地位的时候，我们要学会适度等待，以保存实力，等到出现对自己比较有利的形势后，我们再及时出击，这样往往能够达到更加理想的效果，可以为自己赢得更多收益。

比如刚刚加入某个团队后，作为新成员，我们的经验肯定与其他成员无法相比，这时我们就要学会等待和隐忍，不要遇事就急于表现自我，以免弄巧成拙。不妨耐心地积累经验并等待时机，直到有确定的把握才"出手"，这样往往能够取得一鸣惊人的效果。

❖ 不妨适时依附强者

作为实力还不够强大的"小猪"，我们要学会寻找那些能够为我们提供助力的"大猪"，并巧妙地借力于他们，借助他们提供的人脉、名望、平台、经验、策略等搭上"顺风车"，求得自身的发展。

有一名大学生在创业时就采用了这样的办法，他先想方设法与国内一家大型电商网站在当地的服务中心建立了联系，并向其提交了报告，阐述了自己能够帮助该网站解决校园网购"最后100米"送货难的问题。该网站在考察审核后，批准了大学生的合作申请。大学生很快开办了自己的"电商小站"，挂靠于该网站上，面向全校师生提供代收货款、上门配送货物等多项服务。由于师生中平时用该网站购物的人很多，大学生不费吹灰之力就获得了很多配送订单，仅仅一个月时间就获得了超过 1 万元的毛利润。

❖ **克服贪婪心理，不要损害强者的利益**

在借力"大猪"谋求自身经济收益的同时，我们还要注意把握分寸，不能过分贪婪，妄图将"大猪"应当得到的收益也据为己有，或是采取不法手段使自己的利益增多，否则必然会引起"大猪"的强烈抵触。情况严重时，"大猪"可能会将我们列为头号"威胁"对象来实施经济和法律的制裁，智猪博弈所能达成的平衡局面和共生关系也会被打破，会给双方都造成很大的损失。

比如在上面的大学生创业的案例中，如果大学生不遵守网站的规定，私自截留贵重的货物，或是额外多收取配送费用，妄图为自己谋取更多收益，必然会损害网站的利益，破坏网站的口碑，所以网站肯定会取消对大学生的资质授权，并可能会将其违规行为诉诸法律，大学生就需要为自己不理智的行为付出惨重的代价了。

总之，"智猪博弈"说明强者、弱者是可以共同生存的，而这需要弱者认清自己真正的利益所在，然后自觉地执行"小猪"的"等待—依附—借力发展"的策略，这样才能更好地维持一种微妙的平衡，从而可以为自己赢得生存和发展的机会。

小心"聪明反被聪明误"
——囚徒困境

经济学家认为，每一个从事经济活动、作为经济决策主体的人都是"理性人"，即大家都力图用最小的经济代价去获得最大的经济利益。可是在遇到利益诱惑的时候，"理性人"也可能会做出不够理性的选择，结果就会出现"聪明反被聪明误"的囚徒困境。

囚徒困境是博弈论中的一个经典问题，经济学家常常会用下面这个故事来具体地描述它。

有两个罪犯 A 和 B 一起纵火，烧毁了一条大街上的几家店铺。事后他们被警方抓获，但两人都拒绝承认自己的罪行。

警方手中没有足够的证据指证 A 和 B，于是就将他们分别关押起来，不给他们留下串供的可能。接下来的几天里，一位经验丰富的老警官先后提审了 A 和 B，并在他们负隅顽抗时说了以下这段话："我现在给你们一次坦白从宽的机会。如果你选择配合警方，揭发你的同伴，而同伴坚持抵赖的话，那么你会获得释放，而你的同伴会被判刑七年；如果你们两个都选择坦白，你们将各自获刑三年；当然，你也可以选择和同伴一起抵赖，你们的刑期不会超过 6 个月。"

在老警官说完这段话后，A 和 B 都陷入了艰难的思考，他们很清楚自己遇到了什么样的困境：如果都不说出真相，就都可以获得最短的刑期，也就是全体利益能够最大化；如果都选择坦白，则会获得一定的刑期；如果揭发对方，对方虽然损失惨重，可自己却能够获得利益最大化——被无罪释放。非常显然，在这个博弈中最优的选择是双方都保持沉默，拒不交代，那么警方就会因为缺乏证据不得不释放两名罪犯。然而，A 和 B 都会优先考虑自身利益，同时因为不信任对方，害怕被对方出卖，而双双选择坦白罪行，最终二人各自获刑三年。

在这种"囚徒困境"中，我们可以看到，博弈的参与者都是从自己的利益出发去考虑问题，却不考虑如何让集体利益最大化，最后就会让集体获得的结果恶化。这说明在一定的情况下，人们一味根据最有利于自己的方向进行的选择未必是最佳的，很可能是"聪明反被聪明误"。

在现实生活中，类似这种囚徒困境可能随时发生在我们身上，下面的这个案例就是一个典型的囚徒困境。

小齐准备在某二线城市购买一套住房，花了不少时间看房后，小齐终于选中了一套价位适中、附近设施齐全、交通便利的二手房。在交定金前，房东却开始犹豫，还对小齐说："不瞒你说，我这套房子现在非常抢手，有个买主愿意出 350 万元购买，而且打算全款购买。可是因为你是第一个来找我的，我还是更愿意把房子卖给你。这样吧，如果你愿意加点钱，加到 360 万元，我就把房子卖给你。"

小齐一听就叫了起来："不是说好 345 万元吗？市场价格就是这样啊，您不能出尔反尔啊。"房东也不高兴了，态度生硬地说："那你考虑考虑吧，我们这个地段的房子也没几套，你不买，有的是人买！"房东拂袖而去，小齐却开始慌乱起来，他很害怕房东会真把房子卖给别人。

与此同时，这位房主又找到另一个有意的买主小张，对他说："我这边有个姓齐的买主已经打算出价 360 万元购买房子了，你别再犹豫了，再加 10 万元，370 万元我就直接和你签合同了。"小张一听也着急起来，生怕自己看中的房子就这么没了，便口头答应了房主加价的要求，并开始筹集款项准备签合同。

第二天，房主接到了小齐的电话，说自己已经考虑好了，愿意用 360 万元的价格购买房子。房主的态度却更加傲慢了，他说："有人愿意出 370 万元，我都准备和人家签合同了。"这个突如其来的消息让小齐慌乱不已，他咬咬牙道："行，我愿意出 375 万元，我们现在就签合同。"

经过一番讨价还价之后，小齐终于与房主签订了合同，以 378 万元的价格购买了房子。这个价格比市场价高出了近 40 万元，小齐明知被房主"坑"了，却也无可奈何。

在这个案例中，房主的角色就像是囚徒困境中那名经验丰富的老警察，他在不同的购房者之间来回周旋，在无形中制造了一个囚徒困境。在这个困境中，如果全体购房者都能够坚持恪守最初的定价，同时理性地对待房主的加价，不要盲目与他人竞价，就不会让房价一直上涨，也不会让自己为了购房而不得不拿出更多的资金。然而，由于每位购房者都担心房子会被他人买走，害怕自己的利益会受到损失，所以他们就会做出非理性的选择——以高价购买房子，成为聪明反被聪明误的"囚徒"。

从囚徒困境中，我们也可以悟出这样的道理。

❖ 相互信任可以避免"两败俱伤"

人们之所以屡屡陷入囚徒困境，主要还是因为人与人之间缺乏足够的信任，总是觉得对方会侵吞自己的利益，让自己损失更多，所以为了止损就要采取对自己更加有利的做法，结果却造成了两败俱伤的后果。

因此，想要走出囚徒困境，就应当摒弃彼此猜疑的想法，要想办法建立起一种相互信任的氛围。比如，经济社会中我们常常会与他人订立具有强制力的契约、合同等，以此来约束各自的行为，使得每个人都不会抢先做出背叛对方的行为，这样就有助于形成一种相互信任、相互依赖的关系，能够有效避免出现囚徒困境。

❖ 不仅要考虑个人利益，还要考虑集体利益

在遇到利益诱惑的时候，我们不能只考虑如何让自己的利益最大化，还应当从总体、大局角度思考问题，要考虑自己的选择会对整体的利益造成什么样的负面影响。同样以购房为例，我们如果一味想着先于他人购买到这套房屋，就会陷入对大家都很不利的价格战。但如果我们都能冷静思考，就应该知道此时最好的选择其实是按兵不动。如果每个购房者都能够对房主的试探做到冷处理，不急于做出加价的决定，那么房主很快就会自乱阵脚，他不但不会再坚持加价，还有可能会将房屋降价出售，那样购房者的利益也就更有保障了。由此可见，在经济社会中，人们只有改变自私自利的想法，才能达到真正获益的目的。

❖ 及时"报复"和适时"宽恕"都很必要

为了避免在囚徒困境中损失太多的利益，经济学家还提醒我们要注意把握"报复"和"宽恕"的时机。所谓"报复"，指的是在他人采取"卑劣"的手段博取个人利益时，我们应当及时采取反制措施，而不能一味选择承受结果，否则会让自己变得非常被动，还会被对方侵吞很多利益。

不过，在对方停止采用"卑劣"的策略后，我们就应当立即停止"报复"，也就是说要适时"宽恕"对方，这样才能够避免情况进一步恶化，可以减少双方因为互相"报复"而造成的资源浪费，也能让自己的利益得到一定保障。

幸福不能建立在他人的痛苦上
——零和、正和、负和博弈

假设我们正在与他人对弈，每局结果总有一个人输，一个人赢。每次赢棋计"10分"，输棋计"–10分"。这样无论再下多少局棋，双方的得分总和都会是零。像这种情况，在经济学博弈论中叫作"零和博弈"，也就是说，在严格的竞争中，一方获得收益的同时，另一方必然会承受相应的损失，将收益与损失相加，总和永远为"零"。

也正因为这样，"零和博弈"也被经济学家幽默地说成"将自己的幸福建立在他人的痛苦之上"，所以处于零和博弈中的各方都会展开激烈的对抗，以尽可能实现自己的最大利益。可若是从全局角度来衡量，整个社会的利益并不会因为这种对抗而增加，这也说明了零和博弈是一种不经济行为。

午休时间，在一家公司里，两个男员工甲和乙开始了掰手腕的比赛。为了让比赛变得更加"刺激"，两人约定各出50元作为赌注。这时，这场比赛就变成了一次"零和博弈"，因为两人中无论谁赢50元，另一方就要输掉50元，两人的收益和损失加起来正好是零。

这时，一位好事的同事丙走了过来，宣布说自己可以再提供50元来赞助这场比赛，谁赢了谁就能够额外获得这50元。此时从甲、乙两人的角度来看，这是一次"正和博弈"，两人不管谁能取得胜利，最后的收益和损失之和都能达到50元，不再是零了。

可是，要是从甲、乙和同事丙三个人的角度来看，这就还是一次"零和博弈"，因为无论谁赢，丙都要"输"掉50元，所以三人的收益和损失加起来还是零。

依此类推，如果此时还有新的同事加入并提供"投资"的话，甲、乙、丙三人之间又会出现"正和博弈"……

从上面这个非常简单的例子中，我们也可以进一步认识"零和博弈"

的真相。那就是在一个封闭的系统中，由于财富、资源都是有限的，个人想要获得利益最大化，就必然会去掠夺他人的利益，由此就会形成一种"非输即赢"的局面。可要是想办法打开这个封闭的系统，加入新的增量、机遇，就会让博弈的双方停止"你死我活"的争斗，转而追求"正和博弈"，即使博弈各方的利益都能够有所增加，或者博弈的一方利益增加，而另一方利益不受损害，进而能够使整个社会的利益之和有所增加。

遗憾的是，在现实中，很多理性人盲目追求自身的利益，甚至为此不择手段，他们忽略了这样做可能产生的结果，最终不但无法实现"正和博弈"，反而还会破坏"零和博弈"，出现"负和博弈"的恶劣情况。届时双方的利益都会大大受损，会出现两败俱伤甚至多方受损的局面，收益与损失之和会变成负数，可谓得不偿失。

像这方面的例子在现实中也并不少见，就像一些邻里间的利益冲突，如果处理不当的话，就常常会演变为"负和博弈"。

在一栋居民楼上生活着几家邻居，平日里因为工作繁忙，大家都关起门来过日子，互不干扰，生活也很平静。可是有一天，这种平静突然被打破了。

原来三楼的一户人家刚刚添了一对双胞胎宝宝，在喜气洋洋的同时也给邻居们带来了很多烦恼。两个婴儿经常哭闹不止，有时候半夜也会发出吵闹的声音，让很多邻居都产生了怨言。有一个急脾气的邻居直接登门去提意见，可是这家的主人却满不在乎地说："我有什么办法？难道我能让婴儿闭嘴吗？"

邻居们更加生气了，他们商量了一下，都开始各出"奇招"。四楼的女邻居在屋里穿上高跟鞋来回走步，二楼的大妈用拖把不时地捅捅天花板。还有几户人家也调大了电视机的音量，特别是在晚上婴儿哭闹的时候，他们就开始大声播放电影、电视剧……

没过几天，整栋楼的居民都觉得自己的神经快要崩溃了，他们无论白天、夜晚都处在一个充满了噪声的环境里，根本无法好好休息。

不仅如此，他们每个人都对其他邻居产生了强烈的不满，见了面就像见到了仇敌一样，邻里关系完全降到了冰点。

这些邻居本来可以通过友好协商找到更好的处理问题的方式，但是他们却选择了坚定的"对抗"，一定要和别人分出个输赢胜负来。在这个过程中，他们的行为变得越来越不理性，不仅伤害了他人的利益，也让自己的利益受损。最终，整个大楼所有邻居的收益和损失之和变成了负数，这就是典型的"负和博弈"。

由此可见，在博弈中一味追求胜利，想要把自身的幸福建立在他人痛苦之上的做法是非常不明智的，其结果要么是"零和"，要么是"负和"，都不是博弈最理想的结果。博弈无处不在，我们应当转变自己的观念，不要总想着"利己"就一定要"损人"，也不要总想着贪图小便宜。在博弈中，我们要遵守游戏规则，并要有合作观念，这样才能让零和、负和博弈有可能走向正和博弈，并最终取得皆大欢喜的结果。

找到双方利益的均衡点
——最后通牒博弈

在生活中，我们经常会遇到讨价还价的情况，双方对于对方提出的条件都觉得不满意，由此就会陷入反复争论、计较不休的局面。在无法达成一致的时候，一方会向另一方发出最后通牒，即提出自己的最终的决策方案，对方如果接受，就按照这种方案来行事或分配资源。如果对方表示拒绝，那么双方一拍两散，最终谁都无法获得利益。

像这样的情况就是最后通牒博弈，它也是经济学中一个非常热门的话题。一位经济学家曾经用这样一个简单的例子来介绍最后通牒博弈。

有甲和乙两个人准备分配100元钱。甲负责决定分配方案，如果双方达成一致，100元就按照甲的方案进行分配。如果双方无法达成一致，那么双方都不能得到任何一元钱。甲因为想拿到更多的钱，就对乙说："给你 10 元，给我 90 元，行不行？"乙当然不会答应。于是甲调整了分配方案，又对乙说："给你 30 元，给我 70 元，行不行？"乙仍然拒绝。

无奈之下，甲只好发出了最后通牒："给你 45 元，我 55 元，再不同意就拉倒，谁也别想得到这笔钱！"乙对这个方案虽然不太满意，但是毕竟这个方案与公平分配（每人 50 元）的差距不算太大，而且甲的态度看上去又很坚决，乙生怕会出现"一拍两散"的结果，便连忙点头，同意了甲的方案。

在这个案例中，经济学家指出，从利益最大化的角度来说，无论甲提出怎样的方案，乙其实都应该接受，因为钱毕竟是白得的。可是在现实情况中，理性人们却会希望自己能够获得更多的利益，所以甲提出的方案往往很难达到绝对的公平，而乙为了自己的利益也会拒绝过于不平等的分配方式。特别是乙能够获得的份额不足 20% 的时候，乙拒绝方案的可能性会大大上升。与此同时，甲在"最后通牒博弈"中，设定最终分配方案时也应该考虑到有被拒绝的风险，所以不能把出价定得过低。

由此可见，想要在最后通牒博弈中促成双方意见一致，就应当尽可能的找到利益的均衡点。这种均衡不一定是平均分配，双方所得利益均等，也可以是一方稍微占一点便宜，多得一些利益，而另一方虽然受一点"委屈"，但也在能接受的范围之内。这样另一方通过权衡利弊，就会发现接受最终方案要比双方关系破裂，谁都得不到任何好处更加有利，于是他们就会停止讨价还价，紧紧抓住当前能够争取到的利益，促使问题得到圆满解决。

在现实生活中，我们会在很多场合发现最后通牒博弈。比如，消费者在购买商品时，与商家讨价还价多次，却总是谈不拢，最后消费者就会干脆地说："我就出这么多钱，卖不卖？不卖我就走了！"这时，消费者所出的价格就是一个最终方案，如果商家接受，就能达成交易，消费者获得商品，商家获得金钱（可能比自己预定的收益水平低一点）。反之，商家不接受，消费者扭头便走，双方都无法获益。当然有的时候发布"最后通牒"的也有可能是商家，比如商家会对消费者说："最低就是这个价，不买就算了！"那么这时就需要消费者来做出接受或拒绝出价的决定了。

通过分析最后通牒博弈的特点和作用机制，我们可以发现以下几点注意事项。

❖ 最后通牒应该考虑双方利益的均衡点

讨价还价是一个动态博弈的过程，在这个过程中，只要双方还未达成一致，就很有可能遭遇谈判破裂，双方都无法获得收益的结果。所以在这个过程中，先出价的一方要考虑到对方的心理底线，在发出最后通牒时应当给对方一些"余地"，不要让对方有被胁迫的感觉，以免对方拒绝出价，导致两败俱伤的结果。同样，接受出价的一方也不能纯粹从自己的角度考虑事情，也要把对方的情况纳入考虑范围之内，如果一味追求绝对的"公平"，可能会导致对方恼羞成怒放弃继续谈判，最终大家都会一无所得。

❖ 发出最后通牒的时机要精确而恰当

发出最后通牒并不是一种常规的做法，往往都是"不得已而为之"，因此在使用时一定要非常慎重。比如，双方之间的讨价还价已经持续了很长时间，一直无法获得突破性进展，再耽误下去双方的利益都会有所损失，这时就可以考虑发出最后通牒。此外，如果感觉自己在博弈中占据比较有利的形势，而对方又有急于求成的心态，这时也是发出最后通牒的好时机，对方很有可能会干脆地接受方案，从而双方能够在尽量短的时间内达成一致。

❖ 发出最后通牒的态度应当十分坚决

想要达到理想的效果，需要以坚决的态度向对方发出最后的通知，要让对方感觉到我们提出的方案是非常严肃的，也已经触及到了我们的底线，不可能再有更改的可能。这样对方就会不由自主地产生一种强烈的紧迫感，会开始考虑利益得失，为了避免出现两败俱伤的结果，对方很有可能就接受我们提出的方案了。

进退两难时不妨适度妥协
——斗鸡博弈

斗鸡博弈也叫懦夫博弈，说的是博弈的双方狭路相逢，陷入进退两难的局面。这时要是双方都为了自己的利益坚持紧逼对方，那么难免会酿成两败俱伤的结果。可要是其中一方或双方在权衡利弊后选择适度退让，就能够打破僵局，让问题迎刃而解。

当然，选择退让肯定会让自己的利益遭受一定的损失，所以才会有人将这种妥协的行为称为"懦夫的选择"。深入思考的话，我们就会发现，适时、适度的妥协不但不代表软弱可欺，反而是一种经济学智慧的体现。因为只有这样，才能避免与对方争斗到你死我活的地步，并有可能达成共识，从而可以用较小的损失赢得最终的收益。相反，要是为了一点点利益就寸土必争，会让自己损失更多利益。

老马开着自己心爱的小轿车从家里出发，准备送孩子去上学。出了小区，要经过一条比较窄的便道，只能容一车通行。老马远远看见有一辆黑色的小轿车迎面驶来。老马心想：要不要后退让让对方呢？可转念又一想：凭什么非得我让，而不是他让呢？就这样，老马不但没有后退，反而加速迎向前去，想要将对方逼退。

对方看来也是个急脾气，根本就不买老马的账，反而狠狠地按了几下喇叭，好像在责备老马"还不赶快让行"，老马心里很不舒服，不管不顾地向前冲了过去……

只听一声巨响，老马的车和对方的车猛地撞在了一起。剧烈的撞击后，不但车子被撞坏，老马和孩子也都受了些轻伤。老马十分气愤，推开车门就要去教训那个车主。没想到对方比他的动作还快，已经来到车前对他破口大骂。

老马勃然大怒，赶紧下车和对方骂起来。两人争执不休，又引来不少看客，将这条路堵得严严实实，过往的车辆都无法通行，大家不免抱怨连天。见到这种情景，老马其实心里也有点后悔了，他想，早知会弄成这样的局面，刚才就让对方一步了。

有句俗话叫作"狭路相逢勇者胜"，可是从经济学的角度来看，在狭路相逢的时候，如果一味地像案例中的老马这样好斗，与对方互不相让，就会造成僵持不下的结果，严重时更会两败俱伤。所以，在遇到类似情况的时候，我们要多考虑一下自身的利益得失，该妥协退让的时候就不要犹豫，因为只有学会妥协，才能让博弈的双方都能获得更加经济的结果。

那么，我们应当如何判断妥协的时机和妥协的幅度呢？

❖ **确定是否有妥协的必要**

当我们与对方陷入了进退两难的博弈中时，双方都很担心自己的利益会受到损失，因而谁都不肯相让。这不但会浪费时间，还有可能让局面进一步恶化，可能引起不必要的争执，让双方都无法获得任何利益，甚至还会造成损失。在这种情况下，我们就可以考虑进行适度的妥协，妥协可以改变敌对的态势，缓解尴尬的气氛，让双方可以通过协商达成共识，这对于双方来说都是很有必要的。

❖ **妥协应当适度**

在斗鸡博弈中，最理想的情况是对方主动做出妥协，愿意牺牲一小部分利益达成共识，而我们却没有任何的损失就能够达到利益最大化的目的。不过这种情况不会每一次都出现，有时我们必须首先亮明态度，牺牲一些利益来赢得对方的认可。当然，这种牺牲必须有一定的底线，不能无条件地向对方妥协，否则很有可能让对方变得更加贪婪，要求我们牺牲更多的利益，那就将我们置于更加不利的地位了。

❖ **注意妥协的时机**

妥协时机的选择会直接影响斗鸡博弈的结果，如果妥协的时间太早，会让对方的"胃口"变得更大，对方可能会要求我们给出更多利益。但妥协的时间太晚，又可能会达不到破解僵局、软化氛围的目的。所以，为了让妥协起到理想的效果，就应当合理选择时机。我们可以试探性地表示自己要做出妥协，然后密切观察对方的反应，比如我们在某个经济问题上与对方存在严重的意见分歧，双方僵持不下，这时我们就可以对对方这样说："假如我在××方面做一些让步，你会怎么说？"如果对方能够给出积极的回应，并表示可以回报相应的让步，那么我们就可以抓住时机进行妥协。

总之，我们应当用经济学的思维去进行决策，在妥协的同时，要把握好"损失最小化，利益最大化"的原则，然后围绕着这个原则与对方斡旋，就能够避免两败俱伤的恶劣局面，并可以为自己带来相应的收益。

保持实力才能以弱胜强
——枪手博弈

在经济社会中，我们难免会遇到与他人竞争的情况，如果多个对手的实力都很强，我们自身实力却很弱，那么我们该如何在竞争中生存呢？对于这个问题，经济学家博弈论中的"枪手博弈"可以为我们提供良好的思路。在枪手博弈中，经济学家为我们描述了这样一种场景。

假设有甲、乙、丙三个互相敌对的枪手，甲的实力最强，射击命中率几乎能够达到100%；乙的实力居中，命中率大约为70%；丙的实力最弱，命中率不足30%。现在三人相约到野外决斗，规定大家同时举枪，每人只能向他人射击一次。那么第一轮枪战后，谁活下来的机会最大呢？

大多数人肯定会觉得枪法最好的甲能够活下来，然而只要深入推理一番，我们就会知道活下来的人竟然是枪法最糟糕的丙。

这是什么原因造成的呢？原来，作为"理性人"，甲、乙、丙三人肯定都会从最有利于自身，能够为自己获得最大利益的角度出发来思考对策。

甲的决策

甲会选择先向对自己威胁最大的乙开枪，首先消灭了乙，在下一轮对战时会遇到枪法拙劣的丙，甲就能够不费吹灰之力，轻松取胜。所以，先对乙开枪，对于甲来说是最符合经济学考量的优先决策。

乙的决策

乙在开枪前也会做充分的利益权衡，他认为自己应当优先消灭实力最强的甲，这样在下一轮对战时就会遇到丙，就可以以较高的概率取胜。

丙的决策

丙会从自保的角度出发，也认为自己应当优先消灭甲，这样在下一轮就不会遇到甲。如果在下一轮遇到乙，至少还有一些生存的希望。于是丙也决定对甲开枪。

就这样，经过一轮枪战后，由于乙和丙都对甲开了枪，致使甲的生存概率成为 $30\% \times 70\% = 21\%$；又因为甲选择对乙开枪，而甲是百发百中的神枪手，所以乙的生存概率为 0；至于丙，因为无人选择向他开枪，所以丙的生存概率为 100%。

这个结果是很有意思的，本来在 3 人中枪法最好的甲和较好的乙都很难存活下来，反而枪法最差的丙安然无恙。这也提醒了我们，在现实生活中，如果遇到与众多强手对抗的情况，要记得保存实力，千万不要表露出对他人的威胁。正所谓"枪打出头鸟"，你对他人的威胁的程度越大，就越有可能引起他人的联合对抗，届时即使自身实力再强，也有可能像枪手博弈中的甲和乙一样成为他人的"靶子"。

这个道理对于实力较弱的人来说更是特别重要，在竞争中，首先要谋求生存的希望，不要急着与他人争强好胜，否则很快就会成为竞争的牺牲品。遇到类似枪手博弈这种多方对抗的时候，实力弱的人要学会聪明地妥协，善于保存实力，有的时候不妨耐下性子"坐山观虎斗"，这样就能为自己赢得安全的空间。等到实力强的对手们彼此争斗、互相削弱的时候，弱者就可以顺势出击，这样反而会有很大的以弱胜强的可能。

在下面的这个案例中，这位餐馆老板就吃透了枪手博弈的本质，进而为自己制定了最安全的竞争策略，让自己能够以弱胜强，最终赢得了竞争的胜利。

在一条大街上，有三家餐馆都在经营品种、口味、价格差不多的家常菜，餐馆 A 和餐馆 B 的实力较强，店铺规模大，装修也比较豪华，吸引了很多消费者前去就餐。餐馆 C 的实力较弱，只有一间狭小的店面，经过一番简单的装修，看上去比较寒酸，每天的客流量也比不上 A 和 B。

有一阵子，由于经济下行，外出就餐的人变少了很多，三家餐馆的生意都比之前清淡了不少。为了争夺不多的客源，A 餐馆推出了"就餐满 100 元送啤酒、水果沙拉"的优惠，引来了不少顾客光顾。B 餐馆不甘示弱，也推出了"就餐满 80 元送代金券"的活动，和 A 开始激烈竞争。A 餐馆为了打垮 B 餐馆，又推出了新一轮的优惠，B 也连忙跟进……

就在这个时候，C 餐馆却一直按兵不动。店员都劝老板搞优惠活动，不然客源就要被 A 和 B 两家餐馆抢光了。可是老板不但没有同意，反而对外放出消息，说自己本小利薄，搞不起这样的优惠，再坚持一段时间就准备关店回老家算了。A 餐馆和 B 餐馆的老板听说这个消息后，都没把 C 餐馆放在眼里，只顾着和对方继续争斗。可是时间长了，他们两家都出现了严重的亏损：盲目的比拼耗尽了他们手头的资金，让他们连进货的钱都凑不出来了。

这时候 C 餐馆的老板主动和 A、B 餐馆的老板约谈，他提出想要收购他们的店铺，做成连锁店。那两位老板虽然很不情愿，但由于经济陷入了危机，也确实急需一笔钱来渡过难关，所以他们最终以较低的价钱把店铺转让给了 C 餐馆。从此，C 餐馆在这条大街上一家独大，C 餐馆的老板也成了这场竞争中最终的获益人。

在这个案例中，C 餐馆的老板考虑到自己的实力较弱，没有盲目地与他人进行竞争，而是"坐山观虎斗"，等到 A 餐馆和 B 餐馆因为恶性竞争元气大伤的时候，C 餐馆老板就成了坐收渔翁之利的人，这种"以弱胜强"的办法可以说是一种非常高明的应对枪手博弈的手段。

至于 A 餐馆和 B 餐馆，他们的结局则是非常可悲的。他们原本实力较强，但在博弈中却不懂得使用策略，不会从经济学的角度找到对自己最为有利的策略，只知道一味地争强好胜，这是十分不明智的。所以，我们也要吸取他们的教训，在与他人博弈的时候，不仅要看到自己的实力，也要看清楚自己的立场，要学会全局性地看问题，这样才能把处于实力链中各个环节的人的策略都分析清楚，并能够找到最适合自己生存和发展的道路。

决策需要"反其道而行"
——酒吧博弈

在经济社会中，我们经常需要做出各种各样的决策，如果跟风随大流，仿效别人的做法去决策的话，有时不但不会成功，反而会造成损失。相反，若是选择"反其道而行"的话，往往容易取得成功。

像这样的道理经济学家已经通过"酒吧博弈"理论为我们做出了明确的说明，下面就是酒吧博弈的具体模型。

假设在一个小镇上，只有一家酒吧，能够容纳不多不少正好100个人。可是在小镇上热爱"泡吧"的人数量却很多，大概有180人，他们每个周末都想去酒吧度过一个惬意的夜晚。可是酒吧容量毕竟有限，如果大多数人来到酒吧，就会让酒吧爆满，不仅服务跟不上，环境也会变得十分嘈杂，让大家都找不到一点泡吧的乐趣。

于是很多人开始了这样的思考：酒吧里人这么多，下个周末我就不去了，与其在酒吧里活受罪，还不如在家舒舒服服地躺着看电视。持有这种想法的人很多，结果到了周末，酒吧里的客人竟然少了一大半，最终只有60多人到场，因为人少、安静，大家都觉得非常舒适。

这60多人高兴地将这个消息通过各种渠道传播了出去，那些没来酒吧的人又觉得后悔了，他们心想：酒吧里人这么少，下个周末我也要去好好享受一番。谁知持有这种想法的人太多，导致下个周末又出现了人员爆满的现象，让大家感到十分无奈。

在酒吧博弈中我们发现，想要去泡吧的人必须准确地预测到大多数人的行为趋势，然后"反其道行之"，才有可能获得更加理想的结果。可是由于每个人掌握的信息有限，基本上只有之前去酒吧的人数可以作为参考，而且也没有办法和大多数人都交换信息，因此他们最后做出的决策往往是不明智的。这也提醒了我们，想要正确地做出决策，就要多了解一下其他人是如何选择的，然后才能通过"反其道行之"来赢得成功。

比如，我们在进行股票投资时，就应当采取这样的方法，要先尽力收集信息，以便准确预测其他股民会有什么样的选择，接下来就可以"反其道行之"，做出与大多数股民截然相反的选择。很多高明的股票投资者非常擅长这样的策略，当大多数股民选择卖出股票的时候恰好适合买进操作，因为此时股票买进的价格处于低位；同样，当大多数股民选择买进股票的时候恰好适合卖出操作，因为此时股票卖出的价格处于高位。如此低买高卖，就可以赚得大笔的利润。

可对于那些"随大流"的股民来说，就难免会遇到酒吧博弈中泡吧者的困惑，他们会发现自己总是在股价上涨到最高点时买进，股价下跌到最低点时卖出，让自己损失惨重，而这就是没能准确预测到他人行为，没能掌握市场大趋势的结果。

在生活中，像这样的例子还有很多，比如人们在参加足彩博彩时的选择，人们在应对交通拥挤时的选择，还有人们在报考公务员考试时的选择等，常常会出现与酒吧博弈类似的情况。比如在报考公务员的时候，很多考生都会通过过去几年的报考情况，来预测当年哪些部门和职位是最热门的，哪些又是最冷门的，然后避免报考那些竞争达到白热化程度的职位。不过有的时候，由于大多数考生也都有这样的想法，所以有些看似热门的职位在当年报考时反而会变成冷门，因此，我们在决策前进行预测和估计的工作时，不但要多方收集更加准确的信息，还要充分考虑到大多数理性人的心理，才有可能做出更加精准的决策。

杜绝一锤子买卖

——重复博弈

生活中，我们可能都会有这样的经历：当我们来到了一家新开的小商店时，发现商品种类齐全，价格又很实惠，可是商品的质量到底怎样，我们一时难以分辨，所以在付款消费时难免会犹豫再三。这时，小店老板往往会用真诚的语气劝说："您就放心购买吧，我们保证货真价实。您把东西拿回家，使用后如果发现有问题，可以随时来找我们退换！"见店老板如此有诚意，我们也就会放心地付钱离开。

等到将商品带回家中后，如果发现商品质量并非像店老板承诺的那么优良，我们要么返回商店与老板理论，要求退款；要么自认倒霉，将这件事抛诸脑后。无论是哪种做法，我们今后肯定都不会再光顾那家店铺了，这样的结果就是一锤子买卖，在经济学上也叫"一次博弈"。当然，如果我们发现商品质量非常可靠，那么我们就会对那家店铺更加信任，日后也会常常前去消费。这样的结果在经济学上就叫"重复博弈"。

对比这两种结果，我们可以发现在"一锤子买卖"的过程中，由于考虑到今后双方不会再发生更多联系，所以人们往往会过于关注自身的利益，甚至不惜为了达到自己的目的而损害他人的利益，可是这样做势必会降低自己的信用度，减少他人对自己的好感和信任，即使能够赢得一些暂时的蝇头小利，从长远的角度来看却是得不偿失的；而在重复博弈的过程中，人们除了会考虑当前的利益外，还会兼顾未来的长远利益。就像有诚信的店老板，他就会考虑到这次交易对下次的影响，希望能够与自己的消费者建立起长久的关系，好让同样结构的博弈能够无限次地重复进行下去，让自己的长远利益能够不断增加。

在下面这个看似简单的故事中，其实也蕴含着"重复博弈"的经济学原理。

在一个小镇上，有几个顽皮的孩子正在一条小街上玩耍。这时候，路边闲坐的一名青年出于好玩的心理，拿出了几枚硬币，叫孩子们过来挑选。青年拿出的硬币有1元、5角、1角三种面额。孩子们高高兴兴地挑选着，他们都快速地选择了1元或5角的硬币，只有一个年纪稍大的男孩，在犹豫了一阵子后选择了1角硬币。

青年好奇地问男孩为什么要选1角硬币，男孩却一声不吭，脸上还带着有些迟钝的笑容。青年心想，这个男孩可能比其他的孩子愚笨，于是他带着怜悯的心情将这件事告诉了其他人。消息在小镇上传得很快，没过多久，大家都知道男孩不会选择硬币。

从那以后，几乎每天都有人不厌其烦地来找男孩，重复进行这个选硬币的"实验"，而男孩也没让大家"失望"，总是每一次都选择面额最小的硬币。后来还有人用纸币来代替硬币，男孩自然也选择了面额最小的纸币。男孩的妈妈知道这件事后非常生气，她责怪男孩说："你怎么这么笨？你不知道该选面额大的硬币吗？"男孩却一反常态地露出了精明的表情，悄悄地对妈妈说："要是我选对了硬币，他们就不会一次又一次地来重复这个游戏了。虽然他们都笑话我，可是我却获得了很多的硬币。"

在这个故事中，这个男孩其实就是利用了"重复博弈"的原理，用表面的吃亏获得了让博弈一直重复进行下去的可能。而在每一次博弈中，虽然男孩都只获得了最小的利益，但次数多了，利益累积起来就会非常可观。

由此可见，在经济社会中，我们想要为自己赢取更多的长远利益，就应当杜绝只图眼前利益的"一锤子买卖"，而是应当想办法催生出重复博弈，使得自己获得的总体利益可以不断增加。

需要指出的是，重复博弈还可以分为确定次数的重复博弈和不确定次数的重复博弈两种。前者其实与一次博弈的本质相同，因为博弈的参与者同样不必过多为将来着想，所以尔虞我诈、投机取巧的问题会和一次博弈同样严重。而我们追求的重复博弈的次数是不确定的甚至可以是无限的，每一次博弈时参与者的决策都会依赖于之前博弈的结果，这就会让参与者不由自主地规范和约束自己的行为，使得博弈能够不断地进行下去。

就像我们在购买商品的时候，商家承诺自己的商品值得信赖，我们也可以向商家承诺，如果商品确实价廉物美，我们也会成为商家的忠实客户。只要双方都不轻易违背自己的承诺，就能够获得皆大欢喜的结果：我们能长期购买到实惠的商品，商家也能够赚取稳定的利润，获得长期的发展。如此重复博弈下去，双方都能够获得更大的收益，这样的结果要比一锤子买卖理想得多，也更符合经济学谋求利益最大化的理念。

第三章

职场达人不会吐露的秘密

——让你身价倍增的职场经济学

最初的选择往往是最重要的
——路径依赖

美国著名的经济学家，诺贝尔经济学奖获得者道格拉斯·诺斯曾经提出过一条路径依赖理论，对职业道路出现"瓶颈"的人颇有启示意义。

路径依赖的原意是：人类社会中的技术演进或制度变迁有时与物理学中的惯性有相通之处，都是一旦进入某一路径，就可能对这种路径产生依赖，出现自我强化或自我锁定的效应。对于职场人来说，一旦选择了某个职业或某个领域，就会对其产生较强的依赖，无论其间的经历是好是坏，都会对今后的职业历程产生长期的影响。

也正因为如此，我们在选择第一份工作，进入第一个领域的时候应当格外慎重，最好是选择能够发挥自己所长，而自己也非常感兴趣的事情，这样更容易坚持下去，也更容易有所建树，对今后的职业发展能产生有益的助力。相反，如果对第一份工作就持草率的态度，胡乱应付，敷衍马虎，那么不仅自身能力难以提高，对今后的职业生涯也难免会产生不良影响。

龚宇大学毕业后寻找工作，他本来想从事销售方面的工作，因为他觉得自己性格外向，很擅长与人打交道，也愿意从事富有挑战性的职业。可是他的父母一直坚持让他从事财务类工作，说这一行更稳定，收入有保障。龚宇不想和父母争执，最终接受了父母的安排——通过熟人的关系，进入了一家小有名气的公司，开始从事财务工作。

龚宇就这样成了一名会计，他工作认真负责，很少出现纰漏，也受到过领导的好评。可是龚宇自己内心深处却并不喜欢这份工作，他觉得过于稳定的环境就像一潭死水，缺乏挑战的工作也让自己慢慢失去了激情。他每天就是按时完成规定的任务罢了，想要在这一行取得大的成就，希望却很渺茫。

一天，龚宇的一个从事外贸的朋友求他帮忙去谈一笔生意，因为对方是法国客商，龚宇的法语不错，对销售又有一些了解，所以朋友很相信龚宇的能力。龚宇虽然有些犹豫，但还是答应了朋友的请求，没想到在这次洽谈中龚宇大显身手，和客商聊得十分投机，最终贸易合同顺利地签了下来。事后朋友连连感谢龚宇，还带着惋惜的语气说："你当时怎么没选这一行呢？真是可惜了这么优秀的人才。"

这句话触动了龚宇的心灵，其实他也从刚才的洽谈中获得了一种愉悦和满足的体验，这是在他认为琐碎无趣的财务工作中从未获得的感觉。他很后悔自己选择第一份职业时的草率，可要是从头再来，这些年从事财务的工作经验和专业积累就都要打水漂了，而且从事销售工作也未必能一帆风顺，自己身上又背着房贷、车贷，他也不知道自己是否能够承受得了贸然转行带来的风险。

龚宇遇到的就是典型的路径依赖问题，在选择第一份工作的时候，他没有按照自己的实际能力、兴趣爱好、特长去寻找正确的方向，而是依从了家人的意愿，结果工作并不符合自身特点，导致他工作时缺乏主动性和积极性，所能取得的成就也非常有限。

不仅如此，由于他已经慢慢地习惯了第一份工作的职业状态和环境，会产生很多依赖性，如果日后需要对职业方向重新做出选择，他会十分为难，因为这很可能会让自己失去很多既得的经济利益。正是由于从一开始就选错了路径，路径依赖才会像难以摆脱的魔咒一样，牢牢地禁锢着他，使他始终无法突破事业上的"瓶颈"。

这种情况也是令人惋惜的，试想一下，假如龚宇能够准确地进行自我能力评估，坚持选择适合自己的职业路径，就能够发挥出自己的全部能力，路径依赖在这时也能够发挥正向的强化作用，可以让龚宇在职业发展方面进入一种良性循环，有可能取得更大的成就和更多的经济利益。

由此可见，我们在职业发展的道路上一定要注意路径依赖的问题，并可以从以下几点做起：

❖ **重视做好最初的职业选择**

从路径依赖的原理我们可以明确一点：做好最初的职业选择是十分重要的，它不仅能够减少试错的机会，为我们节约大量时间成本，还能够避免让我们受到负面路径依赖的影响。要知道，我们在某一职业上花费的时间越长、精力越多，日后想要摆脱熟悉的路径的难度就越高，沉没成本和未知风险也会越大。

因此，我们应当在求职或创业伊始，认认真真、踏踏实实地从自身的实际情况出发，用心做好职业发展规划，为自己找到一条既有挑战性，又符合实际的职业发展之路，这对于我们今后的发展是十分必要的。

❖ **认清形势，有必要的话应及早止损**

在职业发展的道路上，如果能够尽早地认识到自己的天赋、能力、兴趣所在，进而做出正确的选择当然是理想的情况，但也有不少人还不能够正确地认识和分析自己的情况，以致做出了误判，选择了不适合自己的发展方向。在这种情况下，我们就一定要正确地认识和把握自己所处的形势，看看是不是需要立刻改变方向，寻求重新发展。

如果我们在不适合自己的"路径"上耽误的时间还不长，付出的沉没成本也还比较有限，所受到的路径依赖的影响也不太强烈，那么就可以选择适当的时机，尽早投入自己真正喜爱的工作中去，这样也可以避免自己的才华被埋没。但若是已经在一种职业上花费了大量的时间和精力，也累积了不少工作经验和人脉，那么改变路径可能就会遭遇相当大的风险，付出相当多的成本，所以我们必须反复斟酌损益才能做出决定，切勿一时头脑发热冲动决策，以免让自己陷入很多新的麻烦中。

为什么有些企业愿意支付高工资
——效率工资

工资是职场中人最为关注的一个就业标准之一，大家对于那些愿意为员工支付高工资的企业总是充满了向往。但也有不少人会提出疑问：为什么这些企业制定的工资水平会大大高于市场平均水平，它们难道不担心成本问题吗？

事实上，英国经济学家艾尔弗雷德·马歇尔对于这种现象早已做了深刻的研究，并将其命名为"效率工资理论"，这条理论也已经成为劳动经济学中的一项重要假说。马歇尔认为，企业或其他组织向员工支付高工资，是为了起到激励的作用，可以促使员工更加努力地工作，从而能够大大提升生产效率和企业经营的绩效。如此一来，最终计算所得的总劳动成本反而会有所降低。

更加重要的是，高工资还能吸引并留住那些能力、素质优秀的员工，让企业的竞争力不断提升。所以，愿意根据"效率工资理论"来发放工资的企业对于人才的重视程度远胜过普通的企业，而人才在这种企业所能获得的经济收益和发展机遇也是相当可观的。因此，对于个人来说，为了提升收入，改善生活质量，加速实现自我，就应当努力完善自我，不断提升工作能力和综合素质，使自己能够获得这类重视人才的企业的青睐，成为企业愿意支付更高工资的对象。

何女士在一家外企担任人事副主管，原本的年薪约为15万元。何女士对于这份工作并不是非常满意，想要获取更高的年薪。再加上她的年龄已经接近35岁，迫切希望能够在事业上更上一层楼，所以她很关注业内一些公司发布的招聘信息。

不久，何女士听说一家大型企业准备招聘人事主管，开出的年薪比自己现在职位的两倍还要多。何女士心动不已，便准备了一些资料前去参加面试。可是在面试中该公司提出了较高的用人要求，何女士无法全部满足，最终铩羽而归。

何女士在失望之余，进行了深刻的反省，她意识到想要获得更好的职位，大幅提升收入，首先要提高自己的能力。不过一时之间，她也不知该如何入手，便找到了一家专业的职业规划机构。在专家的帮助下，何女士参加了职业测评，为自己确定了职业目标和提薪目标，并找到了自己在能力上的短板。然后她在专家的指导下参加了一系列专业培训，考取了几个在业内很有价值的证书……

2年时间过去了，何女士在专业技能方面获得了突破性的进步，她充满自信地向一家心仪已久的企业递交了简历，获得了面试的机会，并通过自己出色的表现赢得了该公司的青睐，被该公司正式录用，还获得了30万元的高年薪。

在这个案例中，何女士通过自己的努力提升了能力，成了企业不可多得的人才，也为自己赢得了提升收入的机会。而录取何女士的这家公司，通过高工资来吸引人才的注意，采取的也是一种符合"效率工资理论"的做法，它能够引来越来越多的像何女士这样的优秀人才加盟，有助于企业的快速发展。而在企业发展壮大的同时，人才又能获得更好的发展前景和更多的经济收入，从而可以形成一种良性循环的机制，无论是对企业还是对个人都能产生很多裨益。

那么，我们应当如何像何女士这样让自己"身价"倍增，成为"效率工资理论"的受益者呢？

❖ 不断学习，提升自己的胜任度

想要进入高薪领域，就必须拥有过硬的能力和素质，而这当然离不开不断的学习。学习可以帮助我们更新知识库存、开拓视野、增长见识，使我们适应不断变化的市场环境，并能够更好地应对工作中出现的各种问题，让我们的胜任度能够不断提升。也正是因为这样，很多在知名大型企业工作的高薪人士都会将"充电"作为自己业余生活的首选内容，他们都很清楚职场人只有学得更多、更有意义，才能为自己获得更多的增值资本。

❖ 发现短板，弥补自身存在的缺陷

有很多职场中人平时工作、家务繁忙，没有太多的时间、精力、资源去接受全方位的培训和提升，那么就可以采取更有效率的做法——集中精力弥补自身的短板。这种做法也符合经济学上的木桶定律，即一只木桶能够盛下多少水，实际取决于它最短的那块木板，而不是最长的那块。所以我们都应该用心思考一下自己的短板，并尽早补足它。

比如，一位需要经常与形形色色的人士打交道的中层管理者，在沟通能力方面有一定欠缺，那就必须集中力量先补上这个短板，否则很难做好管理工作。

❖ 掌握关键性的技能，让自己脱颖而出

按照"效率工资理论"制定薪资水平的企业往往也是颇受人才关注的企业，会引来众多求职者竞相角逐，要想在这些人才中脱颖而出，就要表现出自己的核心竞争力，即一些关键性、高价值的技能。比如，拥有注册会计师资质的人才就会比其他人才更受一些投资公司、证券公司、银行等企业的欢迎，所以职场人想要获得更好的发展，就需要在这方面付出更多努力。

总之，效率工资理论为人才带来了更多实际的收益和发展的机会，渴望进步和成功的职场人不妨将目光放长远一些，让自己的发展方向更加清晰一些，职业定位更加准确一些，然后多付出辛勤和智慧，就能找到属于自己的成功路径。

为什么不能轻易跳槽
——沉没成本

在每个职场人的工作经历中，"跳槽"都是一个难以回避的话题。很多职场人在对当前的工作条件存在不满情绪，或是想要谋求更好的发展前景时，会很自然地萌生跳槽的打算，有些职场人甚至还生出了转行的念头。不过这些想法是否真值得去实践，就需要职场人谨慎决策了，因为跳槽并

不一定会带来满意的结局，所以我们在行动之前必须计算自己要付出的成本，也就是沉没成本。

沉没成本是经济学上的一个专用名词，它指的是人们在某一件事或某一方面已经投入且不能收回的成本，包括过去付出的时间、精力、金钱等。对于工作来说，沉没成本就包括了过去在工作中积累的经验、技能、人脉，以及为了积累这些能力和资源而付出的时间、精力等诸多方面。如果更换新工作的沉没成本过高，跳槽就不是明智的选择。

马先生在一家私营企业担任销售部门的主管，他大学时的专业是市场营销学，这份工作能够让他发挥所长。在工作中，马先生也积累了丰富的工作经验，并且还和不少忠实客户建立起了不错的关系。

不过随着时间的推移，马先生开始萌生出跳槽的想法，他认为自己目前的年薪与能力不太相称，而且公司规模较小，也没有更多发挥的舞台。此时恰好有一家猎头公司联系了他，为他提供了一条十分诱人的信息，说一家中美合资的大型制药企业正在招聘销售主管，马先生的条件非常符合该企业的用人需要，一旦录用年薪至少能够翻两倍。

马先生被利益冲昏了头，也没有搞清楚那家公司实际的工作性质，就急急忙忙地从原公司辞了职。可是一到新的工作岗位，他才发现问题并不像自己想得那么简单。由于马先生对制药行业并不熟悉，很多知识需要从头学起，在过去的公司积累的经验几乎没有了用武之地，之前好不容易维系下来的老客户也失去了联系。不仅如此，新公司的工作需要经常与外商打交道，对口语能力也提出了很高要求，而马先生在大学里学的英语几乎已经遗忘殆尽。无奈之下，他只好报了培训班，周末、节假日都得辛辛苦苦地学习，而平时工作压力又大，让他感到身心疲惫。现在再回想起跳槽时盲目的决定，马先生懊悔不迭，可是事已至此，他也只能拼命努力，以求渡过难关，在新公司扎下根来。

在这个案例中，马先生在跳槽之前显然就没有好好地计算一番沉没成本，结果让自己陷入了左右为难的境地，不但无法更好地发挥原有的经验、技能积累，反而还要花费更多的时间和精力去适应新的工作环境和业务。事实上，像马先生这样在跳槽中遇到各种问题的人士并不鲜见，也正因如此，才有了职场人都很熟悉的那句"跳槽穷半年，转行穷三年"的俗语。

那么，我们到底应该如何理性地面对跳槽问题呢？这就需要从沉没成本入手，做好成本计算和利弊分析，来判断自己是否应当跳槽，以及何时跳槽最为合适了。

❖ 分析工作经验的沉没成本

无论过去在什么样的工作岗位从事工作，在一段时间之后，我们总是能够积累起一些相关的经验。这些经验可以让我们更加得心应手地应对日常工作中的一些问题，也可以让我们在工作中取得较好的业绩，获得事业的提升。不过要是准备跳槽，就应当认真衡量一下过去的工作经验是否还能对新的工作产生帮助。假如跳槽后过去的经验仍然能够发挥良好的作用，那么经验沉没成本就是较低的，更理想的情况是经验成本为零；反之，若是我们准备从事全新的行业，一切都要从头学起，那么经验方面的沉没成本就会达到最大值，此时我们就应当谨慎考虑跳槽会不会产生得不偿失的后果了。

❖ 分析人脉圈子的沉没成本

当我们从事一份工作时，必然要和形形色色的人士发生接触，其中包括向我们发出各种工作指令的上级领导，和我们一起工作的平级同事等。另外，我们还需要不时地与客户以及上下游企业的相关人员打交道，长此以往，就会形成一个以自身为中心的人脉圈子。这些人脉都是不可多得的资源，能够为我们带来很多的机遇，并可以帮助我们更好地推进工作，可要是盲目跳槽，今后的人脉圈子与之前的人脉圈子缺乏交集，我们就会在最初的一段时间内感到事事掣肘，难以顺利地开展工作，这样的人脉沉没成本就是比较高昂的，有时甚至还会是我们无法承受的。

当然，我们在分析沉没成本的同时，也要考虑到新工作可能会给自己带来的收益。比如，新工作可能会给我们带来更高的薪水、更大的事业提升空间、更多的施展才华的舞台等。如果这些收益大大高于沉没成本，那么我们就可以考虑跳槽；相反，若是收益不足以弥补沉没成本，我们就应当三思而后行，切勿像本节案例中的马先生这样仓促决策，结果让自己陷入了尴尬的境地。

当心"捡了芝麻，丢了西瓜"
——机会成本

职场人在面对跳槽问题时，除了要分析沉没成本外，还应当考虑另外一种成本——机会成本。所谓机会成本，在经济学上的定义是：为了获得某种东西或达到某种目的而不得不放弃的最大价值。比如，一家公司选择了集中资源研发某种产品，那么他们就要放弃其他替代产品可能给公司带来潜在的价值，而这种被放弃的价值就是机会成本。

从个人角度来说，如果我们选择了跳槽到另外一家公司，就有可能会失去在原公司升职、加薪的机会，也就会产生巨大的机会成本，会让自己蒙受很多不必要的损失。这种机会成本不同于无法挽回的沉没成本，而是可以通过正确抉择来减少损失的成本。正所谓鱼与熊掌不可兼得，我们在做选择的时候应当多考虑机会成本，然后才能做出正确的取舍。

李强是一家广告公司的业务骨干，他业务能力很强，经常获得部门经理的称赞，还不时因为表现突出而拿到额外的奖金。可是李强对此却并不满足，他希望能够获得提升，而部门内确实也有一名副主管位置空缺。李强认为除了自己，没有人能够胜任这个职位，但是经理却迟迟没有任命新主管的打算，这不禁让李强感到很失望。

2017年春节期间，李强参加了一个大学同学聚会，其中有位同学赵兵也在广告界工作。赵兵听说李强在其公司任职3年，竟然还是一名普通员工，便为他打抱不平起来。赵兵用不屑的语气指出其公司的领导缺乏用人的眼光，还劝李强抓紧春节过后的跳槽时机果断寻找"下家"。如果李强一时找不到出路，赵兵还可以为他做推荐。

赵兵的建议让李强很是心动，他回家后思来想去，觉得公司确实委屈了自己这个人才。这时，赵兵又将他推荐给了一家有些名气的广告公司，让李强无法再犹豫下去。于是春节过后，李强就辞去了工作，跳槽到了新公司。只是在新的工作环境中，一切都要重新做起，薪水也比过去低了不少，李强也只能抖擞精神努力工作，才能证明自己对新公司的价值。

没过多久，李强恰好要到原公司办事，这才听说一位各方面都不如自己的同事已经升任了副主管，而且部门经理还曾惋惜地说过："要是李强不走就好了，这个位置我本来就是留给他的。"这件事不免让李强心中五味杂陈，他这才意识到自己这次跳槽的机会成本实在是太高了。

职场人跳槽虽然已经是司空见惯的事情，但是在跳槽之前，还是应当多算算沉没成本和机会成本，否则很容易像李强这样出现"捡了芝麻，丢了西瓜"的问题。

事实上，在我们打算跳槽时，摆在面前的机会肯定有很多，如果我们选择其中的一个机会，就一定要放弃其他的机会，也就是要付出相应的机会成本。所以，我们应当充分地权衡各种机会的"得"与"失"，要对每一种机会可能给我们带来的收益进行价值排序，然后选择对自己具有重要价值的机会，同时还要放弃那些价值不大的机会，这样才能避免在跳槽时误判，有助于让机会成本降至最低。

像这样的权衡工作我们应当做到非常细致，要考虑到多种因素的影响，而且我们看问题的眼光一定要尽量放长远。特别是一些晋升之类的机会，可能不会在短时间内表现得非常明显，那么我们就应当多一些耐心，给上司多留一些考验自己的时间，而不是一听说没有晋升机会就立刻打算跳槽，这样很容易给上级留下坏印象，严重时还可能会影响到个人在行业内的声誉。

此外需要提醒的是，在进行机会成本的分析时也不要忽略了对自身条件的正确认识，职场人应当对自己的实际能力和行业需求有一个清楚、客观的了解，才能够避免眼高手低，也才更容易在跳槽后获得最合心意的新工作。

你为什么总是无法升职
——内卷化效应

在职场上，有不少人正处于这样的状态：长期从事一项相同的工作，工作状态日趋稳定，业绩始终保持在一定的层面，也看不到什么升职加薪的可能。从表面上看，这种状态似乎比较"安全"，因为人们暂时不用担心自己的岗位会被替代；可从长远角度分析，这种状态其实是一种自我消耗、自我懈怠，自身能力很难再得到提高，在职业发展的道路上也难再有建树，所以对于个人来说是一种非常不利的状态。

在经济学上，有一个术语"内卷化效应"可以用来描述这种状态。内卷化效应最初是由美国的一位人类文化学家利福德·盖尔茨提出的，盖尔茨曾经长期在印度尼西亚的爪哇岛从事一项原生态农业研究，由于日复一日、年复一年地观察和记录同样的农耕生活，渐渐使他产生了倦怠心理。他认为自己的生活没有任何改善，研究也没有进步，便将这种情况称为内卷化效应。后来，经济学家将这个概念引入了经济学，用它来描述经济社会中没有任何发展和改观，只是在一个简单层面上自我重复的情况。

老谭是一家事业单位的老员工，在同一个岗位上工作了8年。老谭认为自己一直就兢兢业业，也能够按时完成上级交办的任务，理应获得升职或者加薪的待遇。可是时间一天天过去，比老谭后入职的几个同事都已经获得了升职，老谭却总是原地踏步，看不到一点升职的希望。

一天，老谭实在无法压抑心中的情绪，带着不满冲进了领导的办公室。一见到领导，他劈头盖脸地问道："经理，请问我在单位这么多年，有没有做过什么违纪的事情？有没有让单位遭受过损失？"

经理被他这么一问，也是吃了一惊，但很快就回答他说："没有！老谭你一直都很努力。"

这下老谭更加理直气壮了，他大声质问经理道："那为什么小张才来公司一年，就得到了重用，而我却总是原地踏步，难道是单位对我有偏见吗？"

经理终于弄明白了老谭的意思，想了想，对老谭说："你冷静一下，单位对你并没有偏见，至于升职与否不仅要看工作年限，更要看个人的能力和业绩。"

老谭一听这话，心往下一沉，但还是勉强为自己辩解道："我的业绩虽然不是最好的，可也不是垫底。再说我为单位服务了这么多年，没有功劳总有苦劳吧！"

经理摇了摇头，语重心长地对他说："那你有没有想过如何提升自己的业绩呢？你有没有想办法改进工作方法，让工作更有效率呢？你总是保持着同样的水平，一直都没有进步，又让单位怎么提升你呢？"

经理的话让老谭哑口无言，不错，这些年来，他一直做着同样的工作，重复着同样的事情，却从来没有想过如何去进行改进。

老谭就是一位陷入内卷化效应的职场人，在他身上发生的问题也是很典型的。内卷化效应会让人习惯在一个层面上自我消耗、自我重复，大到一个企业，小到职场中的个人，都会像老谭这样不停地在原地徘徊，找不到向上突破和发展的出口。

至于内卷化效应为什么会出现，究其原因还是观念和心态出现了问题。在经济社会，无论是组织还是个人，都应当培养"不进则退"的意识，要时刻提醒自己：市场竞争是十分激烈的，社会环境也是不断进步的，只有让自己努力上进，跟得上市场趋势和社会潮流，才能避免出现原地踏步甚至倒退、落后的情况。

从这个角度出发，我们想要克服内卷化效应，就可以从以下几点做起。

❖ 培养积极、上进的心态

想要克服内卷化效应，最关键处是要追求精神层面的改变。很多职场人在工作了一段时间，适应了现有的工作环境后，就会自然而然地滋生惰性，觉得"差不多就行了""能完成任务就不错了"，这样的心态就是十分消极的，很容易让自己陷入内卷化效应的泥沼而难以自拔。

因此，职场人不能满足于单纯地完成任务，而是要给自己订立阶梯性目标，让自己时刻都能接受目标的指引，这样就不会有机会懈怠，心态也会变得更加积极，不会因为小小的成果就沾沾自喜，也不会再得过且过地混日子。

❖ 努力改变现实处境

如果不想再原地踏步，职场人还应当立即开始寻求改变，这种改变可以是能力的提升、业绩的提升，也可以是工作态度的改变、工作方法的改进。比如，学历条件不佳的人可以在业余时间接受培训或是进修文凭；业绩平平的人可以向业绩好的同事取经，以找到提升业绩的方法；工作效率低下的人可以学一学时间管理方面的知识，让自己能够用更短的时间为企业创造更多的经济效益。

总之，只要有破釜沉舟的勇气，就不怕找不到改变的途径。而真正的改变一开始，内卷化效应就会不攻自破，职场人也就能够找到前进和发展的动力了。

❖ 停止自我设限，追求自我突破

职场人最怕的就是自我设限，也就是常常暗示自己：那件事我做不到，那个高度我达不到。这也是职场人无法进步，无法取得成就，从此陷入内卷化效应的重要原因之一。自我设限可能会让我们避免了一些失败，但也同时剥夺了我们释放能力、找到方法、创造价值的可能，会使我们变得毫无激情和活力。

想要打破职场发展的"瓶颈"，突破内卷化效应，就应当停止自我设限，同时要多对自己进行积极的暗示，遇到看似不可能完成的任务，也要有勇气去尝试一番，即使遇到失败也不要轻易气馁，而是可以从中积累经验和教训。只有这样，职场前途才会变得更加光明。

需要注意的是，内卷化效应的出现，有时也有可能与职场环境有一定关系。比如，有的企业规模较小，业务单一，无法为员工提供更多锻炼能力的岗位，也不能为员工提供更多向上发展的通道，再加上文化环境萎靡懈怠，也会造成员工的工作状态数年没有变化。在这种情况下，与其继续浪费时间原地踏步，还不如痛下决心改换环境，所谓"树挪死，人挪活"，在新的环境中自身潜能能够被充分调动，也能够为职业发展道路提供更多的可能。

成为不可替代的人
——稀缺性

俗话说，"物以稀为贵"，是说稀少且找不到替代品的资源总是特别宝贵的，这与经济学家们经常使用的一个词语"稀缺性"有相通之处。而人力资源也是资源的一种，能力出众、他人无可取代的人才也会具有"稀缺性"，在企业中自然也会身价倍增。

换言之，如果我们想要保住自己的"饭碗"，稳固自己在企业中的地位，就应当努力提升自己的稀缺性，让企业上下都能够认同自己的重要性，这样才能成为不可替代的人，才能不断提升自己在职场中的影响力和稳定性。

贾飞大学毕业后，在广东的一家外资企业工作。2016年年底，由于行业不景气，该公司出现了比较严重的亏损，董事会被迫做出了裁员的决定。一时之间，公司上下人心浮动，大家都在担心自己的名字会不会进入裁员名单。

贾飞所在的部门一共有23人，公司要求主管裁掉至少10人，这给员工带来了极大的心理压力。贾飞看到一些同事被主管叫去了办公室，没过多久又垂头丧气地走出来，这让他也越发地紧张起来。

这一天，主管突然叫贾飞去谈话，贾飞心中的恐惧感上升到了极点，他猜测自己恐怕也是凶多吉少了。没想到主管见到贾飞后很和蔼地说："小贾，你不用担心，我叫你来是想让你有个心理准备，以后职能管理方面的工作可能都要落在你肩上了，我准备把其他人都裁掉。"听到这里，贾飞禁不住惊讶地睁大了双眼，对主管说："可是我……"

主管从座位上站起来，拍了拍贾飞的肩膀说："你想说你资历尚浅，对吗？其实这个问题我也想过，可是综合几个人的能力来看，你的表现是最突出的，由你接手他们的工作，不会出什么大问题，但要是让他们来做你的工作，他们没有一个人能够胜任。我相信你一定能把工作做好，加油吧！"

贾飞走出主管办公室后，这才松了一口气，他也深刻地体会到自己的价值就在于不可替代性。正是因为他以卓越的表现证明了自己是具有稀缺性的人才，所以才能保住自己的工作，并能够赢得主管的器重和信任。

贾飞的经历也提醒了我们，要想成为职场中不可替代的人，就要证明自己的稀缺性。这种稀缺性包括我们独特的个性、丰富的经验、过硬的技术、灵活的思维方式、全面的能力等多方面的特质，这些附着在个人身上的宝贵品质和能力是共同构成稀缺性的基础，使我们能够表现出非同一般的价值，而且这种价值常常是其他个体无法提供的，这样我们才不会被轻易取代或淘汰。

具体来看，能够帮助我们提升稀缺性的品质和能力主要包括以下几个方面。

❖ 专业领域的技能

要提升个人的稀缺性，我们应当首先让自己成为所在领域的专家。这种专业领域应当具有较高的门槛，一般人很难达到一定的高度，而我们却能够胜任相关工作，并能够在处理专业问题时展现出独当一面的实力。这样在他人眼中，我们就具有了稀缺性和不可替代性，而且我们的专业技能越强，在这个专业领域中的不可替代性就越高。

❖ 跨领域的能力

除了专业能力之外，我们还应当努力锤炼自己的创新思维能力、判断能力、决策能力、执行能力、沟通能力、领导能力等。因为职场中称得上是"人才"的个体并不在少数，可是同时具备上述这几方面才能的高素质、高水准的人才却凤毛麟角，这样也会形成一种十分突出的稀缺性，能够让我们在职场中的表现更加抢眼，自然也可以让我们的职业发展道路更加顺利。

❖ 性格要素

性格要素对于我们在职场中的表现有非常重要的影响作用，比如与众不同的专注精神、持之以恒的敬业精神、格外强烈的乐观精神等，这些性格因素能够让我们在工作中承受更大的压力和挫折，可以让我们表现出比其他人更加强大的抗打击能力，使我们不会在遇到一些解决不了的问题时过早放弃，还可以使我们更好地进行自我控制，出色地完成自己负责的任务，提升自己的稀缺性。

❖ 个人经历

经历也是一种财富，如果我们善加利用，就能够让其成为稀缺性的重要构成部分。为此，我们不妨经常问问自己，跟同龄人相比，我们经历过哪些别人不太可能经历过的事？这些经历给了我们哪些可贵的启发？比如，我们有过在大学时代创业失败的经历，虽然给我们带来了惨痛的教训，可是也教会了我们更加谨慎地规划人生，而且还教会了我们关于如何启动项目、管理团队的基础经验，像这样的经历就是一种超越同龄人的收获，对于提升稀缺性也有一定的帮助。

当然，每个人具备的特质各不相同，为了获得更加全面、客观、准确的结论，我们可以多进行自我剖析、自我总结，并可以邀请家人、朋友帮助我们了解自身的稀缺性，这样我们就可以更了解自己的特质，更清楚自己的长处，从而可以有针对性地不断强化自身所长，让自己能够更加精进，并最终成为一个真正的不可替代的人。

找到最适合自己发展的领域
——比较优势

在职场中寻求自我发展，什么才是最关键的呢？是能力？人际关系？还是机遇或运气？职场达人会告诉我们，这些因素虽然都是不可缺少的，但还不能算是最关键的。想要在激烈竞争的人才市场上脱颖而出，找到适合自己的工作，并能够不断取得成就，应当先找到自己的比较优势。

这里所说的比较优势借用了经济学上的一个概念，其定义是：一个生产者以低于另一个生产者的机会成本生产一种物品的行为。如果将其引申到职场，比较优势就是：从事某项工作、完成某些任务的机会成本低于其他人。显而易见，如果我们能够利用好自己的比较优势，就能够减少很多机会成本，那我们在职场中发展的道路也会更加平顺了。当然，这需要我们了解自己的比较优势，找到自己在什么领域、应对什么样的工作时更能发挥比较优势，否则找错了方向，可能是白费力气而一无所得。

邹悦大学毕业后，经人介绍进入了一家外贸企业工作，当时摆在她面前的有两个职位：会计和市场营销。邹悦一时有些茫然，因为她很清楚，自己在这两方面的能力都不算出众，所以她不知道该选择哪个职位更好。

幸好公司给了她3天的考虑时间，让她能够静下心来好好地思索这个问题。邹悦回到家后，马上拿出了一张白纸，将自己的各项能力、资质证书等在上面一项一项地罗列起来。在这样的比较中，邹悦发现自己虽然在各方面都不算是拔尖的，但对于会计工作还是比较熟悉的，基本的核算工作、预算工作、成本分析工作也是能够胜任的，相对于自己不太熟悉的营销工作，邹悦认为自己更适合从事会计工作，因为这样机会成本最小，能够获得的收益是最高的。

与邹悦一同进入公司的另一个求职者小齐也遇到了同样的选择。

小齐与邹悦正相反，是一个能力出众的年轻人，他在会计工作方面的能力其实要优于邹悦，不过考虑到自己在营销方面的优势更大，最终他很自然地选择进入营销部门，这样也能减少机会成本，提升比较优势。

邹悦和小齐对自身的比较优势都很了解，他们在认识自己比较优势的基础上，找到了适合自己发挥这种优势的领域，然后努力维持优势，不断提升自己的职场竞争力，让自己能够不断迈向成功。

在这里需要明确一点，比较优势与特长是有一定区别的，特长是一个人最为擅长的某个或某些方面，但一个人若是没有什么特别明显的特长的话，也可以通过比较优势找到自己相对优越的领域，像能力平庸的邹悦就找到了最适合自己发展的会计领域。所以当我们在职场中感到发展受阻的时候，先不要急着慨叹自己能力不强或没有专长，而是应当从比较优势的角度出发，看看是不是还没有找到最适合自己发展的领域。比如，我们可以问问自己以下这几个问题，再逐一认真回答。

1. 我目前具备哪些能力？
2. 我的能力是否与当前的工作相匹配？
3. 我的业绩处于平均水平，仅仅是因为不够努力吗？
4. 与本部门业绩最好的同事相比，我有哪些不足之处？
5. 我更喜欢什么工作？如果我从事这项工作，会取得比现在更好的成绩吗？

这些问题可以帮助我们认清自己的比较优势，避免我们在职业发展道路上走弯路。当然，如果我们已经认识到了自己的比较优势，就可以省略这一步程序，直接进入下一步，即维持优势的环节。我们应当想办法让自己的比较优势得到进一步的扩大和提升。比如，案例中的邹悦决定在会计领域发展，那么她就应当定下心来，多进行业务实践，努力提高自己的各项专业技能。如果时间、精力允许的话，她还可以参加一些业余培训课程，使自己能够逐渐成为这个领域的佼佼者。

这个道理说来简单，但现实中有很多职场人常常忽视这一点，他们缺乏精益求精提升优势的精神，反而这山看着那山高。听说有同事在考公务员，便也学着去考，对待自己的工作却敷衍了事、得过且过。看到其他公司提供的薪水较高、福利较好，也不管其提供的职位是否真适合自己，就开始匆匆筹谋跳槽事宜，完全将自己的比较优势忘在了脑后。这样的做法对于自己的职业前途显然是没有好处的。因此在职场中我们应当始终保持清醒的头脑，要学会运用比较优势的原理来为自己赢取更多收益。

用最少的时间创造最多的效益
——二八定律

二八定律也叫80/20定律、帕累托法则、最省力法则等，是由意大利经济学家帕累托发现的。他通过众多经济学实例发现，在很多事情发展中，最重要的部分往往只占其中的一小部分，比重大概是20%，其余80%则是相对次要的部分。比如80%的社会财富往往集中在20%的少数人手中，市场上80%的产品可能是数量仅占20%的企业生产的，一个企业80%的盈利可能是20%的拳头产品创造出来的……

在职场，二八定律同样能够发挥不可小视的作用，特别是在时间管理方面，二八定律可以帮助我们找到工作中存在的重要问题。比如，我们会发现真正能够对工作业绩起到至关重要作用的事情可能只占总事务量的20%，我们却没有把自己主要的精力和时间用在这些事情上，反而将太多的时间浪费在那些相对次要甚至毫无必要的事务上了。这实在是一种非常可惜的事情，因为我们本来可以充分地利用好时间，创造出更大的效益。

钟先生是山东一家制造企业的部门经理。他对待工作认真负责、一丝不苟，却有个不好的习惯，就是没有清晰的时间规划。而且他总是喜欢亲力亲为，看到下属工作拖拉或完成得不好，就会亲自动手去进行补救，结果反而打乱了自己的正常部署。

有一次，钟先生将一项任务交给下属小朱，并规定了完成时间，要求小朱定期汇报工作进展。可是小朱却因为一些私事耽误了工作，没能跟上正常进度。钟先生担心在小朱这个环节出现问题，会影响整个部门的工作进行，于是他索性将小朱的一部分工作揽到自己身上，忙忙碌碌地做了起来。

没过几天，钟先生又遇到了麻烦。下属小刘在工作中遇到了困难，向他寻求解决方法。钟先生大概了解了一下情况，发现问题有些棘手，需要到现场去调查情况、搜集数据。小刘去了几次，都没能解决问题，钟先生只好暂时放下手中的工作，带着小刘一起跑现场，花了不少时间才将小刘遇到的问题解决了。

就这样，钟先生一天天忙得不可开交，感觉越来越疲惫、越来越烦躁。眼看就要向上级汇报这个阶段的业绩了，钟先生却发现自己的部门距离目标还很遥远。他对这种局面感到非常无奈，不明白为什么自己已经花费了全部的时间和精力，到头来却没有取得应有的收获。

钟先生之所以会陷入困境，就是因为他没能按照二八定律去安排自己的各项事务，做好科学的时间管理。比如，他在工作中不能按照事务的轻重缓急来进行排序，不会抓关键，而是"胡子眉毛一把抓"，就会让自己疲于奔命，却做不好重要的事情。另外，他也不善于授权解决事务，而是事事亲力亲为，有时还要浪费时间帮员工解决一些并不是特别重要的问题，导致自己的时间捉襟见肘，部门的工作节奏则成了一团乱麻，工作效率和业绩自然无法得到提升。

为了避免在工作中出现钟先生这样的问题，我们就应当按照二八定律去统筹安排各项事务，才能充分地利用好有限的时间，并能够在最短的时间内创造出最多的效益。

❖ **制作详细的时间日志**

我们首先应当把要做的每一件事情都详细地记录下来，可以使用电子表格来制作时间日志，这样能够清晰、方便地搜索、定位记录，并且能够回顾数天前、数月前任务的执行情况，就能够更加准确地找到时间管理中存在的问题。

在发现了问题后，我们可以重点观察一下时间都被浪费在哪些方面，从而可以有的放矢地加以改进，使时间得到高效利用。有了这种时间日志，我们也能避免遗忘和疏漏，当看到长长的表格时，也可以使自身产生紧迫感，能够有效避免拖延。

❖ **将各项事务按照重要性进行排序**

每个人的时间和精力毕竟都是有限的，不可能面面俱到，将100%的事务都处理好。与其多花时间在琐事上，不如先处理好对提升业绩有决定意义的事情以及刻不容缓的事件。所以，我们可以对时间日志上列明的事项进行重要性的分类，比如可以分为"ABC"三级。其中A级事项是最重要的任务，它们往往只占总任务的20%；B级任务是次等重要的任务，其他不重要的任务则是C级任务。

在分级工作完成后，我们就可以优先处理A级任务。对于A级任务，我们应当全力以赴、集中精力去完成，争取用最少的时间创造最多的效益。之后我们可以有条不紊地安排B级、C级任务的处理工作，使自己的工作效率能够得到不断提升。

❖ **不要让自己总受到不必要的干扰**

有时我们的工作效率低下，可能是因为受到了各种各样因素的干扰。比如，我们正在专心致志地完成重要的工作，这时同事忽然来找我们闲聊或是央求我们帮忙做某事，这必然会中断我们的思维，打乱我们的正常部署。对于这种干扰我们要学会说"不"，不能让这种情况持续下去，否则会浪费掉更多的时间。当然说"不"的时候应当尽量委婉，要以礼貌的态度让对方明白此时打搅我们是不对的，而不应当语气过于生硬，以免影响到自己的职场人际关系。

　　另外，如果我们想要专注于重要的事务，那就还要注意关闭手机的提醒功能，并要约束自己不要被新闻、微博、朋友圈等分散了注意力，这些与工作相比并不重要的事情可以在休息的时间再去解决，这样才能够达到提升效率、节约时间的目的。

　　此外，我们还要注意遵循自己的生物钟，可以根据二八定律，找到自己在一天之中自我感觉办事效率最佳的时间段，然后选择在这个时间段处理重要的事务如客户投诉、公司下达的紧急任务等；而在其他时间，则可以处理一些不重要的事务等。

第四章

把有限的资金花在"刀刃"上

——逃离"冤大头"的消费经济学

免费续杯为什么不会让商家亏本
——边际成本

当我们准备去就餐的时候，常常会看到一些商家提供免费续杯的服务，让我们感觉得到了更多的优惠。不过，商家提供这种服务会不会亏本呢?

答案显然是"不会"，而这要从一个经济学名词"边际成本"来进行具体的分析。所谓边际成本，说的是：每一单位新增生产或购买的产品带来的总成本增量。对于餐厅来说，在提供"免费续杯"服务时，每制作一杯新饮料所花费的成本就是边际成本。这些成本包括有原材料费用、场地租金、人工费用、水电费等，在制作第一杯饮料时，所费的成本显然是最大的。但随着制作量的提升，平摊到每一杯饮料上的成本将越来越小，也就是说如果消费者足够多的话，商家制作的饮料越多，所要付出的成本其实是越低的。

与此同时，商家还有一些进一步降低成本的"绝招"。

❖ 只在淡季推出"免费续杯"服务

如果我们细心观察的话，就会发现很多餐厅会把"免费续杯"服务安排在淡季或是一天中客流量最少的时段，比如有的咖啡馆就会在下午 2~5 点提供"免费续杯"服务。在这种时候，光顾餐厅的消费者较少，提供"免费续杯"花不了多少成本，还能够起到招来消费者、避免资源闲置的作用，而且餐厅还会同步推出一些下午茶和点心之类的优惠小套餐，能够吸引消费者购买，从而可以获得一些额外的利润。

❖ 只对特定的饮品提供"免费续杯"服务

由于不同的饮品采用的原材料、调制技术不同，成本也就有高有低，比如一杯普通的美式咖啡，其成本就要低于一杯加入了奶油、巧克力、冰淇淋及各种果仁的花式咖啡。所以，商家肯定会选择成本更低的饮品来提供"免费续杯"服务，而且也会明确地告知消费者只有某些饮品才能享受续杯，否则消费者若是随心所欲地点单并任性续杯，商家就难以承受巨大的成本了。

当然，成本再低也还是有成本的，为了不出现亏损，商家还需要获得额外的利润才能抵销因为续杯而带来的利润损失。在这方面，精打细算的商家也有自己的考虑，因为"免费续杯"就相当于一种有利的宣传，它甚至比一些广告还来得有效，有不少消费者就是受到了"免费续杯"服务的吸引，才情不自禁地走进了餐厅的大门。他们中有很多又不会只满足于点一杯饮料在餐厅里坐着消磨时间，而是会点上一些其他食品，并且他们在餐厅待的时间越长，可能点的食品就越多，而这些食品能够为餐厅赚回的利润会大大超出续杯的成本。所以，餐厅不但不会亏损，反而会出现利润的不断增长。

不仅如此，"免费续杯"也能够提升餐厅在市场上的竞争能力。现在餐饮市场竞争日趋白热化，餐厅与餐厅之间也陷入了同质化竞争，很多餐厅提供的食品、饮品、服务并没有太大的区别，那么，餐厅该靠什么来吸引消费者呢？提供"免费续杯"就是一个不错的选择。到这里就餐的消费者会感觉自己得到了较多的实惠，他们就会开始通过各种途径来传播口碑，届时来餐厅就餐的消费者就会越来越多，带来的利润也会更加可观。

总之，"买的没有卖的精"，续杯带来的利润增长肯定会大于成本的消耗，这与商家经营餐厅追求利润最大化的主旨并不矛盾，所以在有利可图的前提下，商家是不会拒绝提供"免费续杯"服务的。对于消费者来说，在就餐的时候就要注意别被"免费续杯"的口号随便吸引了注意力，要认真品评餐厅提供的食品、服务是否真的能够让我们满意，这样才能让自己的消费变得更精明、更有效。

为享受生活背上债务，值得吗
——超前消费

随着经济的快速发展，超前消费对于不少人来说已经成为习以为常的事情。大到购房、买车，小到购买电子产品、服装，甚至参与培训、旅游、娱乐活动等，都可以采用分期付款、预支、贷款等形式来进行超前消费。有人还用"花明天的钱，享受今天的资源"来形容超前消费，说它减轻了一次性付款的压力，让很多收入水平一般的人也能享受更多生活的乐趣。

不过，我们也应当注意到，如果还款额度在能力范围内，超前消费确实能够给我们带来很多方便。但要是枉顾自身能力，过度超前消费则会让我们陷入盲目消费的状态，并会因此而背负很多不必要的债务，让我们在无形中成了金钱的奴隶。

小徐是一名刚刚参加工作不久的年轻人，每月工资只有3500元。除了房租和基本的日用开销外，小徐手中已经没有多少资金。可他又是一个地道的电子发烧友，平时很喜欢购买一些自己喜欢的电子产品，由于手头的资金总是无法满足自己的爱好，让小徐很是发愁。

这一天，小徐在网上随意浏览着，忽然看到某购物网站打出的广告"电脑12期免息轻松购"，小徐算了算账，发现一款价格为3488元的平板电脑每月只要付出290元左右就可以购买，看上去还款压力并不算大。于是他果断地登录了该网站，注册成为会员，并提交了身份资料，办理了分期手续，购买了产品。几天后，小徐拿到了心爱的电脑，兴致勃勃地把玩起来，他觉得"今天购物，明天付款"的超前消费真的是太适合自己了。

过了几天，小徐又看上了一款高配置的电脑主机。在"买"与"不买"中犹豫了一阵后，他下定决心用分期付款的方式买下了主机，可是这样一来，他每个月还款的金额就增加到了近500元……

小徐一次又一次地体验着超前消费的快感，也买下了很多自己心仪已久的电子产品，可以说是过足了"购物瘾"。可是年底当他收到最新的分期付款账单时，却傻了眼，原来他要还的款项加上利息已经超过了3万元，但他手头根本就没有存款。

无奈之下，小徐只好硬着头皮拖时间还款，结果被该平台的工作人员不停地打电话追讨欠款，手机短信也收到了无数条欠款通知。更糟糕的是，小徐的信用评分也受到了影响，如果他继续拖欠款项，不良信用记录还会被计入征信系统，将影响他日后正常的生活和工作。

直到此时，小徐才如梦方醒，他为自己过度超前消费的行为感到深深的懊悔，可是要摆脱眼前的麻烦又谈何容易……

在现实生活中，像小徐这样因为超前消费而陷入窘境的事情并非个案。他们在消费时不考虑自身的经济实力，自制能力和判断能力极差，经常盲目借贷或分期消费，导致自己背上了越来越沉重的债务。更有甚者因为周转不灵，还采用了"借新债还旧债"的办法来填补空缺，结果让自己在负债的道路上越陷越深。

由此可见，在享受超前消费带来的便利和乐趣的同时，我们还应当多一些理性，要正确判断自己目前是否有必要进行超前消费，并要认真做好还款规划，减轻负债造成的压力，才不会为自己招来太多麻烦。

❖ **正确判断负债的必要性**

在进行超前消费前，我们一定要先认真衡量一下，看看是否值得为所需要购买的东西背上负债。比如那些为了享乐或与人攀比购买的商品，因为不会对我们的生活产生太多实际的价值，就不值得用负债的代价去购买它们。但若是为了更好地提升未来的生活质量，我们就可以考虑进行超前消费。就像我们目前的存款不够购买一套住房，但住房又是生活的必需品，那就可以考虑以"首付+贷款"的方式购买住房，这样也可以提前拥有一套心仪的居所，能够让自己的生活质量大幅上升。

❖ **根据收入能力考虑负债水平**

在进行超前消费前，我们还要准确地评估自己的收入水平和收入能力，以免未来的还款金额超出自己所能支付的水平，让我们陷入经济拮据的境地。同样以购房问题为例，如果我们当前的月收入为6000元，那么每月还贷的额度最好不要超过3000元，这样就能够将负债压力控制在较合理的水平，不会让自己成为"房奴"，陷入"勒紧裤腰带过日子"

的窘境。

❖ 为负债制订合理的还款计划

在进行超前消费时，我们还应当重视还款问题，这不仅涉及每月的还款额度，还包括还款日期等细节问题。因为逾期还款不但会增加滞纳利息，给我们造成经济损失，还会影响到自己的征信度，严重时可能会造成个人信用记录的污点。因此，我们一定要做好合理的还款计划，在最迟还款日一定要做好标记，防止因疏忽造成延迟还款。

另外，还款方式的选择也是很重要的，像贷款就有等额本金、等额本息、一次性付息到期还本、按月付息到期还本等方式，每种方式各有自己的优缺点，我们可以根据自己的实际需要来选择适合的还款方式。

除此以外，我们在超前消费时还要注意选择正规的平台进行操作，这样才能更好地保护资金安全，并可避免自身信息遭到泄露。比如在线下消费时，银行信用卡就要比鱼龙混杂的各种分期付款平台要可靠和安全得多，我们应当尽量选择银行信用卡消费；如果是线上消费，我们也应当选择正规的互联网分期消费平台，并要仔细核对分期消费的利息、手续费、服务费等，防止被非法平台骗取高额的利息和服务费。

奢侈品为什么广受追逐
——炫耀性消费

所谓炫耀性消费，顾名思义就是消费不是为了满足对商品本身的需求，而是为了向他人炫耀自己的财力、地位，从而能够获得一种荣耀感，让人觉得很有面子。

炫耀性消费最初是由美国经济学家托尔斯坦·凡勃伦提出的，他认为，有的人会希望通过炫耀性的消费来证明自己的实力，所以他们会疯狂地追逐价格昂贵的奢侈品，以拥有这类商品为荣。不仅如此，他们的攀比心理也会越来越严重。

比如，在欧洲人们一度以拥有大量银器为荣，可是法国国王拿破仑三世却偏偏用着一只铝制的碗。原因无他，不过是因为当时炼铝技术很不发达，导致铝成了稀缺而贵重的"奢侈品"，也就成了拿破仑三世用来炫耀的一种工具。到了现代，各种奢侈品牌的服饰箱包、手工名表、高级轿车等又成了很多人追逐的对象。哪怕是一些经济条件还有些拮据的人，在谈起香奈儿等奢侈品牌时也能做到如数家珍，为了获得这些奢侈品以满足自己炫耀性消费的目的，他们有时不惜付出很大的代价。

朱云在一家私营企业担任办公室文员，每月的收入不到5000元。尽管经济并不富裕，朱云却非常喜爱那些奢侈品牌，她觉得如果自己能够拥有一件梦寐以求的手提包，就会得到来自朋友、同事的艳羡、崇拜的眼光。

最近，朱云听说一个熟人准备出国旅游，她在羡慕对方的同时，也马上想到了自己的"奢侈品之梦"。于是她找到对方，说了不少好话，终于说服对方帮她从国外买回了一只LV的基本款拎包，换算成人民币的价格是8000元左右。这只拎包虽然花去了朱云近两个月的工资，但她心中却觉得十分满足。第一次拎着这只LV包坐地铁的时候，她使劲地抬头挺胸，觉得非常自信。

可是好景不长，当朱云将拎包带到公司以后，前台的吴小姐看了一眼，便说："你这只包是旧款的，花纹早就过时了。"吴小姐其实也就是无心之语，可是听在朱云耳中，却无异于是晴天霹雳。当天回到家后，朱云把这只包藏进了柜子，然后赶紧去查找当季的新款包。她很快又锁定了一款价格约合人民币16000多元的新包，决定从下个月起开始节省开支，哪怕是"吃糠咽菜"也要尽早买到心爱的包。

朱云就是一个典型的炫耀性消费者，从本质上看，她并没有多么热爱自己要买的包，只不过是为了博取他人的认可和赞赏，才会不顾一切地追逐并不适合自己的奢侈品。一旦她发现自己拥有的奢侈品没有获得应有的认同时，又会马上将其"弃如敝屣"，然后开始新一轮的追逐。像这样的消费观念无疑已经走入了误区，是一种不顾自身实际能力的、华而不实的消费习惯，必然会造成自身财富的浪费，严重时可能会让自己陷入财务危机，引来无穷烦恼。

那么，对于炫耀性消费，我们应当如何正确认识呢？

❖ 购买奢侈品不应超出自己的消费能力

炫耀性消费是要有一定的经济基础作为支撑的，如果自身不具备足够的经济能力，就会因为盲目追逐奢侈品而弄得经济拮据、捉襟见肘。所以消费者应当培养理性的消费观念，不能在炫耀心理的影响下，冲动地购买超出自己消费能力的奢侈品，让自己陷入窘境。

❖ 购买奢侈品更应看重其本身的价值

我们还应当改变自己对于奢侈品的态度，不要再将它们看成炫耀的工具，而是要衡量它所具备的真正价值是否是我们所需要的。比如我们在购买一款奢侈品男装的时候，不要只是去关注它的品牌是多么有名气，穿出去会给自己带来多少"面子"，而是应当认真审视服装款式、做工、材质以及诸多细节，也就是说要做到"买对，不买贵"，这样购买奢侈品的行为才算是真正有意义的。

❖ 改变炫富、攀比的错误消费心态

很多情况下，我们追逐奢侈品可能只是想要展示自己的成功，同时通过与他人攀比获得一种心理上的满足感，但这种满足感并不会保持长久。随着我们的内心从喧嚣逐渐恢复平静，就会发现攀比带来的快感并没有多少价值。真正能够让他人记住并能够产生好感的其实还是我们个人的才华、能力、态度、价值观等特质，而奢侈品即使拥有得再多也无法为我们赢得他人真心的尊重和爱戴。

值得庆幸的是，现在有很多人士已经开始认识到了炫耀性消费的缺陷。他们中有很多人开始关注无形的精神消费，如教育投资就是其中之一，这种"非炫耀性的消费"价格往往也很昂贵，却能够成为一种雄厚的文化资本，可以为个人提供更多的机会，这对于那些盲目追求奢侈品的人们来说，不失为一种良好的启发。

负担得起的非生活必需品值得买吗

——口红效应

经济学家们发现，在经济不景气的时候，一些相对廉价的非生活必需品会出现热销的情况，像口红就是其中之一，所以经济学家还给这种情况起了个名字叫作"口红效应"。

口红效应的产生与消费者的心理有关，在收入下降或收入不足的情况下，很多消费者难以满足自己对高档品、奢侈品的消费欲望，这时像口红这样的商品就会进入消费者的视野，它们虽然不是生活必需品，但能够从某种程度上反映出一个人的生活质量和品位，而且价位又比高档品、奢侈品要低廉得多，所以消费者就会热衷购买这类商品，以起到一种类似于心理安慰的作用。

聪明的商家也注意到了消费者的这种心理需求，推出了相应的商品，像价格略高于市场平均水平的口红、衣服、鞋子、食物等，还美其名曰"轻奢主义"，言外之意就是可以满足消费者不用花很多钱也能享受奢华感觉的心理需要，这自然受到了很多消费者的热烈欢迎。

慧慧是深圳一家外资企业的员工，个人收入在这座城市算是中等水平。平时也算是生活无忧，可要是想"奢侈"一下，经济上就会觉得比较吃力。不知不觉，慧慧很自觉地远离了那些高不可攀的奢侈大牌商品，却爱上了自己力所能及的"轻奢""小资"商品。比如价格300多元一支的 YSL 圣罗兰口红，就成了慧慧购买的首选。这种口红比起普通的口红虽然有些"小贵"，但比起其他更奢侈的品牌来说，价位是慧慧能够承受的，所以慧慧经常一口气购买好几个色号，拿回家陶醉地欣赏着，自我感觉非常满足和愉快。

除了口红之外，慧慧的"收藏"还包括一些眼影、护肤品、流行服饰等，这些物品渐渐地占据了她家中所有的空间，可也带走了她手中不少的财富。尽管工作已经好几年了，但是慧慧手中还没有积攒下什么存款。有时她也会对着自己的"收藏品"发愁：一支口红买来半年只用了不到 3 次，一套护肤品买来后总共用了一点点，眼看就要过期了……慧慧也曾下决心要改变自己的消费习惯，可一看到那些喜欢的"小物品"，就又忍不住掏出了钱包……

慧慧在不知不觉中陷入了口红效应的陷阱，买下了大量非生活必需品，虽然尚未让自己陷入经济拮据的状态，但毕竟造成了很大的浪费，使得手中的资金既没能产生应有的效用，也没能实现积累财富的目的。

与盲目追求奢侈品的炫耀性消费不同，口红效应更像是一种温水煮青蛙式的消费陷阱，它会让消费者对可负担得起的廉价品、轻度奢侈品等逐渐放松警惕，结果就会出现很多不必要的消费，让手中宝贵的资金不断地流失。

事实上，对于非生活必需品，哪怕我们确实负担得起，在购买时也应当持谨慎态度。因为这类商品即使不购买也不会影响我们生活的基本需要，所以我们应当注意有节制地购买，要争取让这类商品能够产生最大效用，而不要出现一买回家就闲置浪费的情况。

为此，我们在挑选这类商品时可以重点关注以下几点。

❖ **商品的核心功能是什么**

核心功能可以为我们创造最大的使用价值，其他功能即使被商家描述得再天花乱坠，但对我们并没有多大的用处，也不需要多花金钱去购买。比如我们想要购买一款耳机，就不必花几倍的价钱去购买一款声称有各种智能功能其实大多都是"鸡肋"功能的耳机，一些相对便宜、优质的耳机也能满足我们的需求，还能为我们节省不少资金。

❖ **商品是否为厂商的核心产品**

购买非生活必需品，可以优先考虑厂商最具有竞争力的主打产品，这类产品因为承担着招揽消费者的作用，其性价比也被控制在了比较合理的范围，我们购买并使用这类产品能够产生比较理想的效用。至于厂商提供的其他产品，考虑到厂商谋取更多利润的需要，其性价比可能就比不上主打产品，所以我们完全不必因为喜爱主打产品，就像"收藏家"一样将该品牌的其他产品一网打尽，那样反而会造成严重的浪费。

❖ **商品的使用频率高或低**

在购买非生活必需品前，我们必须充分考虑自己的使用频率，如果没有什么机会使用该商品，就暂时不要购买，以免造成浪费。像本节案例中的慧慧，在消费时就没有考虑到这一点，买回的很多商品都没有体现出使用价值，这就是一种严重的浪费。

当然，如果我们对某种商品的使用频率很高，那就可以购买，而且一定要挑选质量好的商品，这样才能够延长商品的使用寿命，可以使商品的效用在使用过程中得到不断地放大。

除了以上几点外，我们还应当考虑到商品的使用场景。每一件商品都有其特殊的功能，也有其特殊的使用场景，如果在很多场景中能够使用到该商品，就说明商品能够对我们产生更多价值，是值得购买的。反之，若是使用场景非常有限，那么即使商品品质再好，价格再诱人，我们都应当尽量克服诱惑，不要轻易购买。比如一款款式简洁、配色大方的上衣，我们可以在工作、休闲、聚会等多种场景穿着，可以让这件上衣的效用得以尽情展现；可要是换成式样高贵、剪裁个性的晚礼服，我们只能在出席宴会、酒会的时候才能穿着，平时大多数时候都把它挂在衣柜中饱受"冷遇"，那么它的效用就远远比不上一件普通的上衣了，是否值得购买就更需要我们三思而后行了。

总之，我们在消费前要少一些冲动，多一些斟酌，才能避免受到口红效应的驱策，购买过多的非生活必需品。

价格越贵的商品效果会越好吗
——安慰剂效应

当你患了感冒的时候，有两种药摆在你的面前，一种是一盒不到10元的国产药片，一种是包装精美、一盒50元的进口胶囊，你会选择哪一种呢？

大多数人肯定会选择价格贵的药品，因为我们头脑中总有这样的观念——一分钱一分货，贵的商品质量更可靠，性能更优越。可实际上，这两种药并没有什么优劣之分，疗效基本是相同的，区别不过是在包装和剂量上。所以选择价格贵的药品，不一定就能让病情恢复得更快。更有趣的是，国外的一些科学家通过研究发现，在感冒时服药其实起不了多少治疗的作用，只不过能够暂缓症状，让我们感觉稍微舒服一些而已。

那么，我们为什么会觉得贵的药特别有效呢？这其实是安慰剂效应在发生作用。安慰剂效应，也叫"假药效应""代设剂效应"，指的是病人虽然得到了无效的治疗，却预料或相信治疗有效，并且病情得到了一定缓解的现象。

在生活中，安慰剂效应发生作用的情况也会经常出现。比如在下面的这个案例中，一位消费者就是因为安慰剂效应而多花了不少冤枉钱。

刘大爷60多岁了，最近觉得身体素质有些下降，精神不太好，每天昏昏欲睡。到医院检查过，医生说他这是轻微的神经衰弱，需要慢慢调理。可是刘大爷是个急性子，希望能够通过吃药快速恢复健康。正好，刘大爷在回家的路上接到了一张传单，说某某药店正在销售一种保健药品，里面含有几十种维生素、矿物质，能够调节人体机能，防老抗衰、预防慢性病，特别适合老年人服用。

刘大爷被传单上天花乱坠的宣传语说动心了，就来到了那家药店。店员拿出了一盒包装精美的药品，告诉刘大爷说里面有6瓶药，1瓶单卖200元钱，整盒购买只要1000元。刘大叔被昂贵的药价吓了一跳，可是经不住店员反复的劝说，刘大爷决定买一瓶药先试试看。

回到家后，刘大爷严格按照药品说明开始服药，他对这种药品充满了信心，总觉得这么贵的药疗效一定很好，能够让自己的身体好起来。说也奇怪，刘大爷服药后的几天里，确实感觉精神好了一些，白天犯困的问题也有所好转。这让刘大爷兴奋极了，他立刻取了钱，一口气到药店买了3盒药，花了3000元钱。

刘大爷的儿子小刘周末来看父亲，一看到这么多药，吃了一惊。他按照药品包装上的名字到网上查了查，根本就找不到与这种药有关的信息。小刘赶紧让父亲先停止吃药，然后带着这些药到当地的药检所去化验成分，结果发现这些所谓的保健药竟然是面粉和糖做成的，没有任何药效。随后，小刘向工商机关投诉了该药店，但刘大爷的经济损失却很难挽回了。

刘大爷就是因为迷信"贵的药一定疗效好"才会上当受骗，购买了没有任何疗效的假冒保健药。在这里，用面粉做成的假药就发挥了安慰剂的作用，让刘大爷在心理上产生了错觉，觉得自己的病被治好了，可实际上，这样的药对他的身体并不能够产生任何益处。

在现实生活中，像刘大爷这样持有"商品价格越贵，效果越好"观点的人并不在少数。比如有的年轻女性在购买化妆品时就认准了购买一些价格昂贵的进口高档产品，对那些价格亲民、廉价的国产品牌则不屑一顾。她们觉得价格越贵的化妆品美容、养护效果越好，但化妆品的效果好坏不能仅看价格高低，还要对比成分，并且要考察它们是否适合自己的肤质情况。有的年轻女士花费了很多金钱，使用了很多名牌化妆品，可是仍然会出现各种皮肤问题，这就说明昂贵的化妆品并不是万能的。

除了药品、化妆品、保健品消费外，其他消费领域，如食品领域也经常会出现安慰剂效应。比如某地有个商家为了让滞销的水果奶昔打开销路，就在包装上注明了"本品使用有机水果制造"的宣传语，同时宣传海报上也着重突出"有机"两个字，价格则比过去提升了一倍。结果前来购买的消费者趋之若鹜，虽然他们在品尝后发现奶昔的口感跟过去没有任何差别，可是他们却深信自己吃到的是健康的有机食品，何况价格也提升了这么多，所以营养价值肯定比以前高多了。后来这个商家因为虚假宣传遭到了工商部门的取缔，很多消费者才如梦初醒。

由此可见，在消费时不能一味迷信"贵的就是好的"，否则就会陷入安慰剂效应而不自知。为了避免上当受骗，我们应当详细了解自己所要消费的商品的性质，可以反复对比它们的成分、功能，看看昂贵的商品与廉价的商品之间到底有哪些明显的差异，然后选择最适合自己的购买。所以我们不要被价格、标签、产地、包装之类的信息模糊了视线，要坚持"只选对的，不选贵的"的消费理念，才不会平白无故地多花很多冤枉钱。

买一赠一不等于赚到
——捆绑销售

买手机送电话卡、办理上网业务赠送合约机，买房送地下室、停车位……就连超市里的商品也常常会进行各种各样的捆绑销售，使得我们对于捆绑销售这种营销模式早已习以为常。有时看到捆绑销售的商品，我们可能还会在心中猜想：商家这样做难道不会赔钱吗？

答案是显而易见的，从经济学的角度来看，商家的本意是追求最大利润，所以他们在设计促销方式时，是无论如何都不会让自己的利润受到较大损失的。而他们之所以会采用捆绑的方式，主要是想要让消费者产生一种心理错觉，认为购买捆绑的商品比购买单一商品更实惠，从而能够提升购买量，提高市场占有率，加速资金回笼，使商家的市场竞争力大大增强。

可对于消费者来说，要是一味深信商家狡猾的捆绑销售手段，可能会付出一定的代价。

在热闹的农贸市场上，一个临时搭建起来的舞台吸引了人们的目光。从舞台边的音响中不停地传出"赠送大屏智能手机"的宣传口号，再加上舞台上的主持人天花乱坠的解说，让在场的不少消费者都动了心。

据主持人介绍，这次活动的联合举办方是某婚纱摄影店和某联通公司，消费者只要花399元购买一张手机卡，就能获赠480元话费以及一部智能手机，并且还能享受拍婚纱照时减免500元的超值优惠。"话费＋手机＋婚纱照优惠券"的捆绑销售让在场的消费者连连惊呼"太值了"，由于主持人声称"手机数量有限，先购先得"，于是很多消费者在没有看到手机的情况下就匆匆掏出了 399 元现金为此次捆绑销售埋单，根本没有时间去询问商品的详细情况和一些售后问题。

一位兴奋的消费者带着手机回到家中，打开包装仔细检查了一下，发现这就是一款性能一般的低端手机，如果单独购买的话，价格也只有 200~300 元。消费者失望不已，立即带着手机返回农贸市场，却发现舞台和工作人员都已不知去向。

消费者带着疑虑拨打了某联通公司的电话，在询问后得知所谓的480 元话费是分 24 个月赠送，每月赠送 20 元，可是由于电话卡本身有月租费 21 元，所以为了正常使用每月必须充值至少 1 元。听到这个消息后消费者不禁更加后悔了，但他还是不肯死心，又接着拨打了婚纱摄影店的电话，当对方以肯定的态度告诉他"消费 3000 元以上才能享受 500 元的优惠"时，消费者彻底明白所谓的捆绑销售不过是商家的噱头而已，看上去无比诱人，可实际上不可能让消费者占到多少便宜。

事实上，像上述案例中的这种捆绑销售陷阱在现实中并不鲜见。比如超市出售的牛奶、酸奶商品经常会有"买一赠一"的活动，引得消费者争相购买，可事后销售者常常会发现这些优惠商品往往还有几天就要过期，可超市在促销时并不会提醒消费者注意保质期问题。无独有偶，消费者在购买机票时也常会遇到一些捆绑销售的机票套餐，看上去比较优惠，可算上机场建设费、航空意外险、延误险等"副产品"后，价格甚至比在官网购票还要贵，而且如果消费者反悔想要退票，只能拿回非常有限的机场建设费和燃油费。

在这些形形色色的个案中，我们可以发现，捆绑销售对于消费者的不利之处是显而易见的，具体而言，主要包括以下几点。

❖ **消费者选择的自由受到了限制**

根据经济学的效用最大化原则，消费者是有权自由支配自己的资金，选购能够发挥最大效用的商品的。可是商家采取了捆绑销售的形式后，消费者的决策无疑会受到干扰，他们可能会为了购买捆绑组合中的一件产品而不得不购买其他产品，这种无奈的选择显然会让商品的总体效用降低，对于消费者自然是不利的。

❖ **消费者的总支出不断增加**

消费者购物的初衷可能只是捆绑组合中的某一种商品，可是在受到捆绑销售的影响后，消费者必须拿出高于预期的资金才能获得这些商品，这也会让消费者不得不改变自己的总体消费计划。一方面，消费者可能会为购买捆绑组合而不得不放弃其他一些期望购买的商品；另一方面，消费者可能需要追加支出，才能满足自己的全部购物期望。无论是哪一种情况，都会让消费者的利益遭受损失。

❖ **消费者的合法权益得不到保障**

追逐利润是商家的根本目标，他们在设计捆绑组合时，很难保证不采取一些侵权的行为。比如商家将质量好与质量次的商品搭配销售，或是将畅销品与滞销品搭配，或是将临期商品组合销售，如果商品在使用中出现问题，商家则会振振有词地以"对优惠产品不提供售后"的理由来推卸责任；还有的商家会推出一些服务套餐进行捆绑销售，然后只报基本项目的价格，以吸引消费者，等到消费者落入圈套后，就会发现套餐中的很多项目还需要额外加钱。

由此可见，消费者应当努力变得更加理智，才不会轻易踏入捆绑销售的陷阱。为此，消费者要注意在消费时一定要以符合自己的需求为原则，即选择自己切实需要和适合的商品及服务，不能盲目信任商家狡猾的促销手段；另外，在消费时则要注意选择商业信誉好、服务质量好和具有合法资质的商家，同时对于细节比较复杂、金额比较大的消费项目还要订立合同，明确双方的权利义务，才能为自己赢得更多的保障。

优惠券真能让你获得很多实惠吗
——价格歧视

现在很多人在外出就餐或是网上购物的时候，都会很自然地先看看有没有优惠券可以使用，认为这样做更加实惠。可是你一定没有想到，从你使用优惠券的那一刻起，就是在无形中接受了一种叫作"价格歧视"的营销手段。

价格歧视，也叫价格差别，它指的是商家向不同的消费者提供同样等级、质量的商品和服务时，故意实行不同的销售价格或收费标准。比如我们经常会收到一些餐馆、快餐店的优惠券，在就餐时只要出示优惠券，就可以享受比较低的折扣价格。可要是手中没有优惠券，就只能按照账单上的实际价格付款，由此就会出现价格差别。

有人也许会认为发不发优惠券是商家的自由，何况优惠券为商家吸引了客源，消费者也以较低的价格满足了需求，这不是一种双赢的局面吗？可事实真的如此吗？我们不妨用下面这个案例来解开疑惑。

一年一度的"双十一"购物节又要开始了。消费者小云早已准备好了自己的购物清单，摩拳擦掌，准备好好地采购一番。其实早在 10 月底，小云就已经领到了很多商家发放的优惠券，可是这些优惠券无一例外都标明了只在"双十一"当天有效，所以小云不得不暂时按捺住自己的购物欲望，耐心地等待十几天。

不光如此，为了得到几家店铺的优惠券，小云还花费了一番功夫。因为这几家店铺都是著名的大品牌，消费者无数，优惠券的发放形式也格外特别。有的是玩游戏后根据得分发放不同面额的优惠券，有的是先付定金到时候"定金膨胀"抵扣现金，还有什么"组团购物分享优惠券""跨店满减"的形式，让小云觉得眼花缭乱。她一边抢优惠券一边无奈地说："真是麻烦啊，商家为什么就不能直接减价呢？"

好不容易等到了"双十一"这一天，小云在零点就坐在了电脑前，准时开始了抢购。她看着自己抢到的那一堆优惠券，心里美滋滋的。可当她点击付款的时候，才发现有的优惠券根本就不能同时使用。小云带着强烈的不满付完款后算了算账，发现自己真正享受的"优惠"其实只有几十元，可是自己却为此付出了这么多时间和精力，实在是太不值得了。

小云的疑惑其实也是很多消费者感到不解的问题，的确，商家如果真的想要让利给消费者，又何必采用这么麻烦的形式呢？为什么就不能在原来的价格基础上直接减去一些金额呢？原来，商家的根本目的还是要通过"价格歧视"把不同的消费者分开，并借此谋取更多利润。

　　商家发放形式复杂的优惠券就是"价格歧视"的一种表现。因为优惠券的获得需要花费一定的时间和精力成本，而且使用时也有各种各样的限制，这就决定了只有那些不太在乎时间成本的消费者才会孜孜不倦地寻找和积攒这种优惠券。显然，这类消费者的经济实力和购买力也是相对薄弱的，商家的优惠券满足了他们渴望低价的需求，可以促使他们更多地前来消费，为商家带来销量的增长和利润的攀升。

　　另外，那些非常在乎时间成本的消费者，由于经济实力和购买力较强，对价格不是十分敏感，也并不特别在意用优惠券取得的一点点优惠。他们可能不会费力气领取优惠券，在购买的时候以商品的原价支付金额也不会有太多怨言，商家能够从他们身上赚取的利润不会因为发放优惠券就有所减少。

　　由此可见，发放优惠券造成的价格歧视对于商家是有利的，可对于消费者来说就并不一定是特别优惠的了。这也充分印证了那句俗语——买的不如卖的精。

　　那么，对于优惠券这种价格歧视策略，作为消费者应该如何去应对呢？

❖ 注意优惠券的有效期限

　　一般商家发放的优惠券都会有使用期限，消费者要弄清楚这个期限，然后在自己方便的时间前去使用。但如果自己购物是为了满足紧急的需求，而优惠券上的生效时间还很遥远，那也就不必为了优惠而刻意等待，免得影响了自己正常的消费和理财计划。

❖ 注意优惠券的使用条件

　　很多优惠券都会标明使用时的限定条件，比如"购满××元可以使用""每次消费仅可使用一张"等。了解了这些限定条件后，我们就知道积攒大量优惠券是没有意义的，很有可能一些优惠券在付款时都用不上，而我们却会为此浪费很多时间和精力。

❖ 不要为了追求"满减"而增加消费

不少消费者会被优惠券上的折扣金额深深吸引，为了达到规定的消费金额，会在冲动之下购买很多原本不需要的商品，这种情况也被称为"凑单"。看上去"凑单"能让我们享受更优惠的价格，可实际上却造成了浪费，因为我们本来可以用购买这些可有可无的凑单商品的钱去购买其他更急需的商品，可现在"凑单"却让我们把钱花在了不该花的地方。

此外需要提醒的是，在获得优惠券后，我们千万不要急急忙忙地去购物，而是应当了解清楚商品原本的价格是多少。有的商家为了谋取更多利润，很有可能在发放优惠券后将商品价格抬高，结果我们用优惠券购买的商品就有可能比之前的价格还要昂贵。所以我们还要对心仪的商品的价格变动轨迹有所了解，在这方面，网上有很多插件可以帮助我们查询某些商品的历史价格走势，也能够帮助我们轻松地识破商家假优惠的诡计。

商品价格为什么有零有整
——定价策略

走进便利店或超市的时候，我们会发现，不同的商品价格有零有整，看上去错综复杂。我们有时候难免会产生疑问：商家何不简简单单将产品价格定为整数呢？这样计算起来岂不会更加方便吗？

事实上，有零有整的商品价格并不是商家随意制定的，而是在他们深入了解消费者心理之后，才精心定出的价格。比如有的商家将商品的价格定为以"9"结尾的数字，像 49 元、99 元、199 元等，这样的价格因为不满整数，就会让消费者在心理上产生一种错觉，觉得这样的价格比 50 元、100 元、200 元便宜不少。

就像一位消费者用 99 元买到了一条牛仔裤，回到家后，他就会很自然地对家人炫耀说："看，我买的牛仔裤又好又便宜，价格还不到 100 元。"

我们可以想象一下，假如商家将牛仔裤的价格定为100元，那么消费者就会产生"裤子很贵，购买一条要花100元"的心理。可实际上，从99元到100元，跨度不过只有1元钱，消费者却会因为不同的定价策略而产生不同的消费心理体验。

从这个简单的案例也可以看出商家为什么如此重视定价的原因了。对于普通的商品价格商家常常会采取以"9"结尾的这种定价方法，对于那些昂贵的礼品、礼盒，商家又可能会采取以"1""2"等个位数结尾的办法。

比如一位方先生到一家高档商场去给亲戚购买礼物，在精挑细选后他选中了一套标价为"1001元"的餐具套装。方先生对这个价位非常满意，他认为自己购买的是一套"一千多元"的礼品，这种定价策略充分满足了他想要提升礼品档次又不想要承担更多费用的潜在消费心理。

除了上述这两种定价策略外，商家还会采用以下几种方法来迎合消费者的心理，促使消费者做出消费的决策。

❖ 声望定价法

声望定价法就是根据商品在消费者心中的声望以及商品在社会上的影响力、号召力等来制定价格。一般那些拥有较高知名度的名牌产品、高档产品以及在高端的商场、专卖店出售的商品会采用声望定价法，也就是说价格会比同类商品高出不少，消费者却会因为崇尚名牌、热衷于炫耀或追求品质的心理而愿意接受这样的定价。

❖ 喜好定价法

这种定价方法就是根据当地的文化特点，针对人们对于数字的不同喜好来进行定价。比如在我国，很多商品在定价时个位数会以"6""8""9"这样的"吉利数字"结尾，让消费者觉得这个价格比较"好听"，能够激发消费者的购买欲望。

不过要是在美国，由于人们更喜欢奇数结尾，所以商家就会将商品价格尾数尽量修改为奇数，比如将商品从100美元的价格改为99.7美元；而在日本，人们更喜欢偶数结尾，所以商家就会将100日元的价格改为99.4日元。

❖ 习惯定价法

对于消费者在日常生活中会经常使用也比较熟悉的一些商品，商家也会按照市场习惯来进行定价，这样也比较符合这类商品在市场上的定位，也能够吻合消费者对这类商品的心理估值，不会引起消费者的怀疑或反感。比如对消费者经常使用的白糖、肥皂、食盐等商品，商家就会根据习惯来进行定价，不会出现太大的上下浮动。

❖ 小剂量定价法

这种定价方法是将同样的商品减少一些剂量，标上略低的价格，从而能够满足消费者追求便宜商品的心理。比如一款食品500克装标价40.8元，乏人问津，后来商家推出了450克装标价37.2元，销量却得到了提升。可实际上后者的定价比前者略高一些，但消费者从心理上感觉后者要实惠一些，于是很有可能不仔细计算就购买了后者的剂量，这就是小剂量定价法的狡猾之处。

❖ 招徕定价法

招徕定价法指的是对少数商品制定较低的价格，以招徕消费者上门，而消费者在购买这些廉价商品的同时，常常会受到其他商品的吸引，这样商家就能够借机带动其他商品的销售了。在实行这种方法时，采取低定价的商品往往是消费者生活的必需品，且购买频率较高，商家在对其降价时幅度会大一些，这样就能更好地吸引消费者的注意，引发购买的愿望。

除了低价招徕法外，有时商家还会采用高价招徕的办法，即将某种商品价格定得特别高，甚至不惜违背常理，这样能够迎合消费者的好奇心理，提升客流量，犹如做了一个不花钱的广告，可以增加其他商品的曝光率，从而达到带动其他商品销售的目的。

通过分析上述这些定价策略，我们就能够逐渐从看似纷乱的商品价格中发现一些有趣的规律，并能够用以指导自己的消费。比如商家采用了小剂量定价法，我们就不要急于购买，而是应当多对比其他剂量的包装的价格，以免不慎买贵了商品。又如商家采用了低价招徕法，我们就要先衡量一下自己是否真的需要那件廉价商品，而且在购买时也要注意控制自己的消费欲望，以免在一件廉价商品的带动下购买了很多并不急需的商品，让自己的消费计划受到了影响。

由俭入奢易，由奢入俭难
——棘轮效应

宋代著名的政治家、文学家司马光曾经在一封家书中这样说道："由俭入奢易，由奢入俭难。俭，德之共也；侈，恶之大也。"这段话中蕴含的道理与经济学上的棘轮效应有一些相似之处。

棘轮效应是美国经济学家杜森贝利提出的，他通过长期研究发现人们的消费习惯在形成之后就会出现不可逆性，也就是人们容易增加消费，而在减少消费时则会相对困难很多。更进一步来看，棘轮效应在短时间内往往表现得更加明显，像那些养成了较高消费习惯的人，如果收入突然大幅减少的话，他们往往很难在短期内降低自己的消费水准，哪怕这样会陷入生活拮据的境地，他们也常常不愿意立即控制自己的支出。

张佳是一名年轻的女大学生，她家境小康，平时父母在她的学习方面从不吝惜付出，每月留给她的生活费也很可观，可是不知不觉中她养成了喜欢奢侈攀比的坏习惯。张佳在消费方面，从来都是坚持"只选贵的，不选对的"，无论是服装配饰、化妆品还是电子产品，都要选择昂贵的名牌产品，并且一定要是新款，这样才能让她在同学们羡慕的眼神中获得一种骄傲和满足感。

2017年秋季，张佳的父亲因为在工作上出现了重大失误而被单位辞退了。失去了父亲的收入后，张佳家的经济条件一下子变得十分拮据，张佳的生活费也缩水了不少。对于这种变化，她自然是难以接受的。父母劝她降低一些消费水准，学着节俭生活，可是她却认为这样会让自己在同学眼中丢尽面子。

张佳一如以往地保持着自己的消费水平，只用了半个月时间就将一学期的生活费花掉了三分之一。恰在此时，某著名手机品牌又推出了一款新产品，张佳心痒难熬，当她看到朋友圈中的一个好友抢先晒出了新手机的照片后，再也坐不住了。最终她一咬牙把生活费全部拿了出来，买下了这款手机。可是如此一来，张佳手头的余钱所剩无几，连解决一日三餐都成了问题。她也不敢向家中坦白，只好不时地找同学"蹭饭"，好歹熬过了一个月。可是下个月的生活问题该如何解决，张佳心中一点主意都没有。

张佳就是因为受到了棘轮效应的影响，不能根据家庭实际经济条件合理地调整自己的消费习惯和消费水准，而是肆意地放任自己的消费欲望，造成了过度消费，才会让自己陷入了资金捉襟见肘的窘境。

这个案例也提醒我们，在消费问题上一定要从自身实际经济条件出发，并且要学会控制自己，才能够避免在棘轮效应的驱动下做出盲目消费的行为。

❖ 在消费前要做好规划

作为消费者，我们必须明确一点，那就是消费要能够产生价值，这样的消费才是有意义的。为此，我们在消费前应当做好各种规划，要分清楚哪些项目属于必要的消费，哪些属于非必要的消费。

对于必要的消费如衣食住行等，我们可以按照轻重缓急来进行排序，优先在最重要的项目上消费，也就是要把钱都花在刀刃上。对于非必要的消费，比如能够额外提升生活品质的旅游、看电影、购买高档产品等，我们则应当理性抉择，切勿为了虚荣心、优越感不断提升非必要消费的频率，让自己在经济上变得捉襟见肘。

❖ 在消费时学会量力而行

我们在消费时还应当衡量自己的实际经济条件，准确掌握并分配好自己可支配的资金，在能够承受的范围内进行合理消费，就能让生活过得轻松，也不会让自己背负太多的压力。比如在购买服装的时候，如果手头没有太多可支配资金的话，我们完全没有必要过分追求一些当季上市的大牌新品，也无须为了追求所谓的时髦而购买一些昂贵却并不实用的单品，而应根据自身气质购买一些价位适中、品质良好又百搭的服装，这样不但能够避免盲目消费，还能提升单品的穿着频率，并有助于形成自身的穿搭风格，可谓一举多得。

另外，我们还要根据自己财富的多寡变化来随时调整消费行为，如果财富发生了暂时的缩水，我们就应当相应地降低自己的消费水准，避免因棘轮效应造成超额消费，使自己面临入不敷出的尴尬境地。

❖ **在消费后要记录开支**

为了更好地管理自己的资金，我们还应当养成记录开支的好习惯，这样可以很容易发现自己在哪些地方多花了冤枉钱。为此，我们可以循序渐进地开始做记录，为了能够坚持下去，一开始我们不要把每一笔开销都记录下来，而是可以采取定期（每个星期、每个月）记录的办法，以了解自己在某个时期的基本收入和开支情况。

在记录开支的同时，我们可以将各种复杂的支出项目进行分类，比如可以分为固定支出和浮动支出，像固定的支出可以包括房租支出、通话费支出、交通通勤费支出等，而浮动支出就是计划外的、非必要的支出项目。

对于一些浮动性的大额支出我们要特别加以注意，要具体分析其价值。如果这部分支出并没有产生太多的价值，我们就要注意提醒自己，今后要尽量减少类似支出，这样才能最大限度地提高财富的使用效率。

食物越吃越不可口
——边际效用递减

在生活中，我们可能都会有这样的经历：在购买到自己想吃的某种食物后，最初的第一口总是特别美味可口。可要是继续吃下去，口感似乎就会发生下降。如果不停地吃下去，吃得过多，身体还会感到越来越不舒服。

无独有偶，假如我们一直梦想着去某个旅游胜地游玩，某天终于实现了这个愿望，第一次来到了这个梦寐以求的地方，此时我们的满足感、愉悦感是最强烈的，这次旅游的快乐经历也会久久地停留在我们的脑海中，让我们怀念不已。不过，要是我们第二次、第三次甚至更多次来到同样的地点，就会感觉少了很多乐趣……

类似这样的现象，其实都可以从经济学的角度来进行解释，这也就是经济学家常说的边际效用递减规律。这里所说的"效用"指的是消费能够带给人的满足感、兴奋度，当我们刚开始产生一种消费行为的时候，生理和心理上的满足感或者说消费的"效用"一度达到了最高值。可随着我们继续进行同样的消费行为时，能够获得的体验已经不再新鲜有趣，满足感自然也会越来越弱。用经济学家的语言来阐述就是随着消费量的增加，每一消费单位中所得到的效用增量即边际效用将呈现出递减的趋势。

　　根据这条边际效用递减规律，我们可以重新审视并改善自己的消费行为，以力求让消费活动更加合理，让资金能够发挥出更大的效用。

❖ 在消费时要考虑到边际效用因素

　　我们在平时的消费中可能大多会优先考虑商品的用途和价格，虽说每种商品都会有自己不同的用途，根据用途选择价廉物美的商品也是无可厚非的。但还应当考虑到商品对于自身的边际效用。如果我们之前已经多次使用过该种商品，能够从中获得的效用显然就会不如之前的体验，此时与其再将资金花费在这种商品上，还不如选择另外一种价格合理、品质可靠而自己又没有使用过的商品。如此一来，我们通过消费获得的总效用就会有所增加。

❖ 消费要有节制，避免重复消费

　　边际效用递减规律还提醒我们在消费时要注意节制，不要一次性大量购买同种商品或频繁进行重复性的消费，因为这些做法都会让边际效用递减的作用变得更加强烈，让我们无法从消费中获得更多的满足感。

　　比如有些商家会将同类商品以较低的价格批量出售，一些消费者因为贪图便宜会购买并囤积大量商品，可实际上商品的边际效用是在不断下降的，消费者不但无法从囤积式的消费中获得乐趣，还会造成资金浪费，而且大量同类商品堆积在家中也容易过期变质，从而加重消费者的损失。所以消费者应当学会有节制的消费，避免因为一时冲动而购买不必要的商品。

为什么有时要在楼下的小店买东西
——交易成本

日常消费的时候，我们不光要考虑从商品本身能够节约的金钱，还要考虑到从交易方式上能够节约的成本。

交易成本也叫交易费用，由诺贝尔经济学奖得主科斯提出，泛指为了达成一笔交易所要花费的各种费用。从商家的角度来看，发布广告、运输产品、租赁场地、雇用人工都可以算作"交易成本"的范畴，而从消费者的角度来看，为了购买到商品和服务，我们可能要做事前的搜集信息的工作，还要通过各种交通工具抵达商家所在地，之后要与商家进行讨价还价的工作，有时还要签订一些保障权益的合同，这些都需要我们付出时间和精力，也就需要我们付出交易成本。

也正是因为这样，我们在消费时就不仅仅要衡量商品的价格是否实惠，还要考虑到商品是否能够为我们节省更多的交易成本。

一天，市民刘女士正在家中做晚饭，忽然发现家里的酱油用完了。刘女士对丈夫说："你赶快去买一瓶酱油回来，我炒菜要用。"刘女士的丈夫一听，连忙换上外出的鞋，匆匆出门走了。

在刘女士家楼下有一家小卖部，货品不是很多，但家里平时要用的商品一应俱全，酱油自然也不例外。刘女士以为丈夫会去小卖部买酱油，很快就会回来。没想到丈夫一去半个小时，让刘女士十分无奈。

丈夫终于回来了，刘女士忍不住责怪他办事磨蹭拖沓，没想到丈夫理直气壮地说："超市里的酱油比楼下小店里便宜一块多钱，我买了5瓶，一共便宜了5块钱呢！"刘女士又好气又好笑地说："你没有算上走路来回花的时间和力气吗？还有我为了等你的酱油，也白白在这里浪费了半个小时的时间，我们本来可以用这些时间做些更有意义的事情的。"

丈夫听完刘女士的话后，仔细一想，也觉得自己考虑问题确实不够全面，不好意思地说："我忘记买东西本身也有成本了。"

刘女士的丈夫所犯的错误就是只注重商品本身价格便宜，却忽略了自己为了这便宜下来的几元钱，要走很长的路，花费很长的时间，最终计算下来的交易成本大大上升，让消费行为变得不那么划算了。

在现实生活中，类似这种不考虑交易成本而盲目做出的消费行为也并不少见。比如有的人到菜市场购买一些蔬菜、肉类，为了让摊主便宜几角钱，不惜花费大量时间讨价还价，有时还要与摊主争得面红耳赤，这实际上就是一种时间的浪费，会让买菜的交易成本上升，所以并不是明智的行为。

由此可见，我们在消费时不要忽略计算自己的交易成本。具体来看，一般的交易成本可以包括以下几项内容。

❖ 搜集信息的成本

我们在消费之前，往往会事先搜集与商品和服务相关的信息，以便从五花八门的商品中选出最适合自己需要的东西。有些比较挑剔的消费者为了购买一样东西可能会花费好几天的时间来搜集信息，这种为了搜集信息花费的时间和精力自然应当计算在交易成本之内。

❖ 取得商品和服务的成本

想要获得某些商品和消费，我们也要付出一定的成本。比如，在线下购买商品和服务时，我们需要乘车、开车或走路到达商家所在的场所，如果选择乘车就要支付相应的车费，自己驾车也需要消耗油费，走路需要消耗时间和精力，这些都会产生成本。另外，如果选择在线上购买商品，可能要支付物流费用、包装费等，这些也是交易成本的一部分。

❖ 讨价还价的成本

在购买商品和服务的时候，我们还不可避免地要和商家打交道，双方会针对价格、品质、服务条款等方面进行讨价还价，这也要花费不少的时间和精力。有时我们还要面临多种选择，为了做出更加经济的决策也需要耗费一定的时间，所以在计算交易成本时也不能忽略了这一方面。

❖ **监督交易的成本**

在发生交易后，作为消费者我们还要对商家提供的商品和服务进行监督，以确保商家能够履行自己的承诺，同时也能够更好地保障自身的权益。比如，产品运输途中，我们要进行追踪，收到产品后还要验货并向商家反馈，这些活动也是需要消耗时间和精力的。

除了上述几个方面外，我们还不得不考虑交易发生后可能会出现的一些成本。由于一些不确定因素的存在，使得我们的交易活动不可避免地面临一些风险，比如购买的产品在使用过程中出现了质量问题，我们就需要与商家联系，并希望商家能够给予合理的解释和满意的答复，以减少或弥补我们遭受的损失，这些维权活动也会发生相应的成本。所以，我们在消费时一定要考虑全面，才能尽可能地减少交易成本，提升自己从购买的产品和服务中获得的收益。

第五章

用最少的钱换取最大收益

——"雪球"越滚越大的投资理财经济学

别让你的利息白白损失
——储蓄存款

对不善于投资理财的人来说，储蓄存款可以说是稳妥的理财方式，它具有安全系数高、收益有保障、存取较为灵活的优点，所以常常成为追求资金安全的人在理财时的首选。

不过，我们也应当注意到，储蓄存款的利息收益与其他投资理财方式的收益相比还是较低的，而且如果我们在打理时不注意一些细节的话，也有可能出现莫名其妙损失利息的情况。

2012年3月，家住西安市的韩阿姨把自己积攒下的20万元存入了一家银行，当时办理的是定期存款，存期为两年。韩阿姨对存期的问题不太了解，只是想当然地认为自己办理的是定期业务，银行在存款到期后理应为自己继续转存定期存款，所以韩阿姨就将这笔存款忘在了脑后。

2017年11月，因为家人急需用钱，韩阿姨就来到银行，准备取出自己的定期存款。韩阿姨认为自己可以获得5年的定期存款利息和8个月的活期存款利息，没想到银行工作人员却告知她，这笔存款只能支取2年的定期利息，其后的3年8个月的利息都是按活期存款利率计算的。这个说法让韩阿姨十分惊讶，因为定期利息与活期利息相差不少，韩阿姨将损失不少收益，这让她感到十分气愤。

韩阿姨气冲冲地找到银行大堂经理投诉，对方了解了情况后哭笑不得，耐心地对韩阿姨解释道："阿姨，您在办理定期存款填写相关资料时就应当勾选'自动转存'项目，这样您的存款到期后，您不来银行办理转存手续，我们的工作人员也会帮您自动转存。可是因为您并没有勾选这个项目，我们就会默认您不需要转存业务……"

韩阿姨听完经理的话后，不得不承认确实是因为自己的疏忽才造成了损失。她后悔地想，今后自己在办理存款业务时，一定要认真地了解各种细节和注意事项，再不能让自己的利息白白损失了。

在日常生活中，像韩阿姨这样把资金存到银行里就觉得大功告成，从此不闻不问的人并不是少数，可事实上，储蓄存款不是存完就可以高枕无忧了。如果我们不能进行有效的打理，就不能让自己的收益最大化，甚至还有可能出现损失收益的情况。

那么，通过储蓄存款理财有哪些需要注意的事项呢？

❖ 合理安排自己的储蓄方式

银行存款可以分为活期存款、定期存款、通知存款几种，而定期存款又可分为整存整取、零存整取、整存零取、存本取息等类型，这些存款方式各有自己的优缺点，利息计算方式也各不相同，我们可以根据自己的需要灵活地选取。

为了获得较高的利息，我们可以从自己全部的资金中拿出一部分选择整存整取的定期存款；另外，为了培养自己的理财习惯，我们还可以选择零存整取的方式——每月固定存款，这样可以逐渐积攒起更多存款，享受更多利息；此外，我们还可以采取存本取息和零存整取相结合的方法，这种方法也被称为"利滚利"存储法，会产生较高的收益。比如，我们可以先将资金以存本取息形式定期储蓄，然后再将每月的利息以零存整取的形式储蓄，这样就可以获得二次利息；同时，为了应付平时的生活开支和一些突发需要，我们也要准备一部分活期存款、通知存款，这样也能够确保资金的流动性，可以避免提前支取定期存款造成的利息损失。

❖ 优先选择利率较高的城商行

通过储蓄来理财，一方面要选择好储蓄方式，另一方面也要注意考察银行的利率，因为不同的银行存款利率也会各有差异，会影响到我们利息收益的高低。一般来说，规模大、网点多的大型银行、股份制商业银行的存款利率是比较低的。而城市商业银行如温州银行、宁波银行、汉口银行、泉州银行等为了提高自身竞争力，常常会以较高的利率来吸引储户，所以利率上浮幅度往往较大，同等数额的资金，存在城市商业银行获得的利息收益也会较高。

不过，有些人对于城市商业银行不太熟悉，觉得这种"小银行"不太安全，不放心将自己的资金存在这些银行。可实际上，这类银行在经营时也会以效益性、安全性、流动性为原则，并会恪守对存款人的承诺，保护存款人的利益，哪怕发生了倒闭问题，存款人的存款也会依法从倒闭银行的清算财产中获得赔付，最高偿付限额为人民币 50 万元，这一标准经央行可以测算绝大多数存款人的全部存款。因此，我们选择在城市商业银行存款时也不必过于担心。

❖ 尽量不要提前支取定期存款

一般来说，银行定期存款期限越长，利率越高，利息收入也就越多。因此，我们在银行储蓄时一旦选择了较长期限的定期存款，就尽量不要轻易取出或是提前支取其中的部分金额。因为按照相关规定，定期存款如果提前支取，就会按照支取日的活期存款利率来计算利息，会给我们造成较大损失。

不仅如此，在降息周期（持续降息）和负利率时代，银行定期存款会按照较高的票面利率来计算利息，尽管这一利率水平可能不足以跑赢通货膨胀率，但如果无缘无故地轻易取出，我们损失的利息收益就会更多。即使将资金再次进行定期存款，此时也只能按照较低的利率水平来计算利息了。由此可见，为了尽可能地减少利息收入，抵御存款贬值，我们如果在定期存款时锁定了较高利率水平，之后就不要轻易打破，这一点在降息周期尤其重要，能够帮助我们进一步减少降息带来的利息损失。

最后需要提醒的是，我们如果选择了长期定期存款，就还要注意选择"自动转存"服务。为了避免像本节案例中的韩阿姨这样白白损失应得的利息收益，我们应当在办理长期定期存款业务时认真阅读存单上的条款和选项，有不明白的地方要立即咨询银行工作人员，切勿自己想当然地随意填写或选择。比如存单的"注意事项"中如果有"自动转存，复利计息"的选项，而我们又不急于使用这笔资金，那就可以勾选这些选项，这样存款到期后就会自动转存，可以避免不及时转存造成的利息损失。

最安全的投资对象也需要合理配置
——国债

国债一直有"金边债券"的美称，是公认的、安全的投资工具。与高风险的股票、期货，低收益的储蓄存款和认购起点较高的银行理财产品相比，国债具有"门槛低、风险小、收益稳"的综合优势，因此成了很多重视安全收益的投资者青睐的对象。

不过，有的投资者将自己的全部资金都用来投资国债，这样虽然能够保证本金的安全，但获得的利益却比较有限，一般情况下仅仅能够获得略高于银行存款利息的收益，很难实现将"雪球"越滚越大的目标。

上海市的一位退休工人王大伯就是这样一位地道的"国债迷"，他从 2004 年就开始投资国债，只要手中一有闲钱，就会购买国债，而且不论是记账式国债还是凭证式国债都会购买。由于王大伯的子女收入不错，常常会给父亲一些零花钱，让他改善生活，可是这些钱也被王大伯积攒起来用于投资国债。

十余年过去了，王大伯累计购买国债已经超过了 20 万元。他的子女经常劝说他不要一门心思投资国债，也可以考虑一下其他的投资方式。王大伯的邻居和工友也纷纷劝他投资基金、股票，可以获得更高收益。不过王大伯却不为所动，他经常自信地对大家说："我购买国债虽然收益不高，可是没有一次失手。我不求能获得多少收益，只要安安全全地拿到利息，又不会损失本金就足够了。"

在生活中，像王大伯这样风格保守，将全部资金投入国债的投资者并不是少数。不过这样的投资方式显然是与"不要把鸡蛋放到同一个篮子里"的投资建议相违背的，想要让资产高效利用，还是应当通过分散投资、合理配置才能获得更加理想的收益。特别是在资本市场形势较好的情况下，如果将全部或大多数资金都押在国债上，显然是不够"划算"的。

比如，对王大伯这样的老年人来说，在投资时可能更偏重于安全性，所以可以考虑将40%左右的资金用于购买国债，另外30%的资金用于购买基金、银行理财产品，余下30%的资金可以一半用于定期存款，另一半用于活期存款，这样就既能保障资金安全，又能获得比较稳定的收益。至于风险承受能力强的中青年投资者，则可以采取比较积极的投资风格，比如可以将50%~60%的资金投入股票、期货等高风险性投资项目，余下的资金用于国债、银行储蓄等低风险投资项目，这样才能实现高效、安全配置资金的目的。

除此以外，我们在投资国债的过程中也应当注意一些技巧，才能获得更好的理财收益。

❖ 确定自己的投资目的和资金需求

打算投资国债之前，我们一定要确定自己的投资目的，因为国债的特点是信用等级高、风险小而收益率较低，所以以稳健、安全为目的的投资者更适合购买国债，可以获得比较稳定的利息收益。如果是电子式国债，一年付一次息的还可以享受复利。

想要在短时间内获得更高收益，并且对资金流动性要求较高的投资者则不适合投资国债，因为国债持有期限不足半年是不计利息的，而且国债的投资期限是比较长的，储蓄式国债主要是3年期和5年期两种。所以投资者还要根据自己未来对资金的需求来购买国债，如果手头闲置的资金三五年都不需使用，并且也找不到其他更好的投资渠道，可以从容地购买国债。相反，投资者如果对未来的资金需求不确定，很可能要提前支取资金，那就要慎重购买国债，或者是优先购买3年期国债，毕竟3年期国债比5年期国债要灵活一些。

❖ 考虑利率风险的影响

利率风险也是我们在投资国债时需要考虑的一个重要问题。所谓利率风险，指的是我们在购买国债后，遇到央行上调基准利率的情况，那样投资国债就会变得很不划算，会比不上投资其他品种获得的收益高。所以，如果未来一两年经济状况良好，进入加息通道，我们就没必要将手头的资金大量用来购买国债，更没有必要锁定太长期限的国债。

❖ 尽量不要提前兑取国债

国债虽然可以提前兑取，但我们仍然建议投资者如非必要尽量不要提前兑取，或是在投资国债的时候就对未来一段时间的资金做好安排，合理进行配置和划分。一旦购买了国债最好是能够持有到期，如此才能够最大限度地享受到国债的利息收益。毕竟，国债的提前兑取是会损失利息的，而且还要收取一定比例的手续费。

尤其是持有国债期限不足半年的，银行方面不会计付利息。持有满半年后，储蓄式国债若提前支取，在按兑取本金的1‰收取手续费、按持有时间分档扣除利息外，仍可按发行利率计付利息。所以，我们在投资国债的时候，一定要科学安排自己的资产，这样一旦出现意外突发情况也有备用金可以使用，也就不需要提前兑取国债，因此能减少因提前兑现而造成的利息损失了。

❖ 做好国债组合存款以获取更多收益

银行存款和国债是投资者熟悉也比较喜爱的两大重要理财品种，可若是单独的存款或是购买国债往往都很难达到理想的效果。实际上，我们在投资时完全可以采用国债组合存款的方式来打理，当然，也可以组合其他的理财品种使收益提升到更高水平。

一般来说，国债组合存款就是国债与定期存款或金钱信托、贴现金融债券组合而成的金融商品。承办此项业务的银行会为投资者开立国债定期存款账户，以本金的全部或一部分购买新发行的长期国债或中期付息国债。这些国债一般是一年支付两次利息，利息可自动地转入客户所持有的定期存款或贴现金融债券等金融商品之中，起到原本单利计息所达不到的效果。所以，我们在购买国债的同时不妨采取组合的方式进行，这样比单纯地购买国债收益会高得多。

❖ **注意国债付息时间**

国债的付息时间也需要投资者加以注意。我国发行的国债可以分为不能上市流通的储蓄型国债和能够上市流通的记账式国债两大类。其中，不能上市流通的储蓄型国债又可以分为凭证式储蓄国债和电子式储蓄国债。一般来说，不管是凭证式储蓄国债还是电子式国债发行时间都是固定的，付息的时间却可能会不一致。因此，我们需要特别留意一下自己购买的国债付息的具体时间，这点在我们购买国债的时候会看到十分清楚的时间说明。其中，凭证式储蓄国债的付息方式是到期一次性还本付息，我们要记住最后到期的时间，并及时把到账的本息进行进一步的打理。因为国债到期后就不再支付利息了，如果长时间不兑取进行其他投资就会使资金闲置，在不知不觉中让我们的收益遭受损失。

对于电子式国债来说，付息时间就要复杂一些了。因为，电子式国债是每年付息一次，如果我们掌握了自己购买国债的付息时间，那么国债每年付息之后就可以手动转入购买下一期国债或是进行其他方面的投资，从而实现复利增值的目的。所以，我们在投资国债的时候千万不要以为国债抢购成功后就可以高枕无忧，再也不用费心打理了。只有多关注付息时间，才能够有效地帮助我们兑取到期的收益，方便进行再次投资。

提防高收益背后的高风险
——股票

股票投资是很多投资者关注的话题，通过购买股票，投资者既能够获得股息、红利等收入，又能通过转让、出售股票赚取高于账面成本的差价，收益往往能够超过基金、银行储蓄、债券等理财方式，特别是在行情看涨、前景乐观的"牛市"，进行股票投资常常能够取得可观的经济收益。

当然，高收益的背后必然隐藏着较高的风险，如果不注意防范风险，盲目进行股票投资，就可能误踏"陷阱"，出现损失惨重的情况。市场风云变幻，上司公司的情况也在不断发生变化，只有在"炒股"时注意防范风险，才有可能避免血本无归的命运。

　　李丁在一家报社担任记者。2007年4月，股市出现了一波牛市行情，李丁看到身边的同事都在讨论着"炒股"，不禁心痒难耐。在对股市一无所知、连"K线图"都不知为何物的情况下，李丁不顾家人的反对，拿出了自己辛苦积攒的10万元积蓄，全部投资于股市。在那时的李丁眼中，股市遍地黄金，随便投资都能带来可观的收益。可让他意外的是，仅仅一个月后，股市就出现了调整趋势，到5月30日，股票更出现了大面积的跌停潮，李丁购买的三只股票全部大跌，给他造成了惨重的损失。

　　李丁在沮丧之余，不得不想办法为自己挽回损失。由于缺乏炒股经验，他就向一些网友、同事请教，听他们说要及时"割肉"止损，便毫不犹豫地抛掉了自己手中的股票。之后他又听信了同事提供的"内幕消息"，买下了其他几只股票。哪知道新股票的价格也在持续走低，李丁在无奈之下只得再次"割肉"……仅仅两个月后，李丁账户里的资产严重缩水。面对这样惨痛的事实，李丁只觉得欲哭无泪。

　　李丁之所以在极短的时间内在股市中将自己的资金损失殆尽，就是因为他只看到了"炒股"的高收益，却忽视了防范高风险，并且在缺乏基本常识的情况下就开始"炒股"，以致屡屡犯错，让自己的资金不断缩水。

　　事实上，李丁所犯的错误在股民中也是有一定代表性的，具体来看，这些常见的问题主要包括以下几点。

❖ 对股票缺乏足够的了解

　　股票投资是一门深奥的学问，需要投资者进行深入研究后，在掌握了一定规律的基础之上才能考虑入市。可是现在很多的投资者连基本的股票常识都不了解，就妄想通过"炒股"赚钱，这无疑是一种"碰运气"式的投资方式，只有极小的可能会误打误撞有所收获，大多数情况下都会出现"一买就跌、一卖就涨"的问题，这就是因为不懂股票投资原理，也没有认清投资环境而造成的。

❖ **对资金缺乏合理的运用**

"股票有风险，入市需谨慎"是我们都很熟悉的一句话，为了尽可能地规避风险、提高收益，我们在投资股票时应当对自己的资金进行合理的规划。在这方面，有一些投资者还处于盲目状态，要么像本节案例中的李丁这样将自己的全部资金投入股市中，使得风险在无形中扩大了很多；要么又将资金分成许多份额，尽自己所能购买了一堆分属于不同市场、不同种类、不同性质的股票，结果不但没有起到分散风险的作用，反而会让操作变得更加复杂，一旦市场趋势发生变动，就会让自己左支右绌、难以应付。

由此可见，在进行股票投资时，投资者应当避免一次性将所有资金全部投入市场，而且手中握有的股票种类应当尽量精纯，这样才能在达到分散风险的同时还能保持进退自如的目的。

❖ **盲目跟随"消息"改变炒股策略**

股票投资者容易出现的错误还有迷信各类"小道消息"，有的投资者一听熟人介绍说某个股票即将疯涨，就毫不犹豫地大量购买，结果股票价格却不断下跌，让自己损失惨重；还有的投资者在股价下跌时听信他人建议盲目"死扛"或"割肉"，也加重了自己的亏损。这些都说明了"消息"的不可靠性，因为小道消息的来源没有保障，并不能保证正确，有时"庄家"还可能故意传播错误的小道消息，对投资者造成误导，所以与其将希望寄托在各类"消息"上，还不如相信自己的分析和判断，切勿怀着侥幸心理按照貌似可信的"消息"来改变自己的炒股策略。

❖ **找不准买进和卖出股票的时机**

投资股票还要注意把握时机，不能盲目"追涨杀跌"。所以很多专家提醒投资者要学会保持观望，特别是在股价处于平稳阶段，看不出下一步明显变化趋势的时候，不妨先观望一段时间，不要急于做出选择。至于买入的时机则可以根据股价变化趋势灵活选择，比如股价连续下跌或长期下跌期间，具有投资价值的股票已经跌至低价圈的时候，如果此时股价跌幅趋缓并且能够看出有资金介入运作的迹象，投资者可以考虑买入操作。

再如一只股票在短时间内出现暴涨情况，那么在股价出现掉头迹象的时候就应当及时卖出，因为这可能是主力成功出货的标志，如果我们继续持仓就很有可能错过好的行情，所以我们要克服贪婪心理，保证合理获利；除此以外，我们还可以自己设定为一个能够承受的"止损点"，一旦股价触及该点我们就应当卖出股票，以减少损失，保证自己的资金安全。

❖ 希望依靠频繁换手求得短线获利

在市场波动不大，整体形式不好的时候，我们会很自然地想要调仓换股，这本无可厚非，也能够挽回一些损失。不过也有不少投资者在股市波动期频繁换股，依靠做"超短线"来获利，这无异于投机行为，会让自己的心理极限变得越发的脆弱，根本承受不住股市的"风吹草动"，很容易在高位暴涨时出于贪婪心理盲目买进，又有可能在低位暴跌时因为恐惧心理盲目卖出，结果操作失误率越来越高，心理波动越来越大，以致形成恶性循环，使得账户资金不断缩水。

事实上，想要在股市生存并能够最终获利，最好的办法还是平心静气，等待最佳时机，不要人云亦云地跟风选股，也不要动不动就惊慌失措地抛弃手中全部的筹码。股票投资没有捷径，我们只有不断细心观察、研究，才能找到最符合自己情况的股票投资方略，并能够赢得丰厚的收益。

可以一夜暴富，也可以一夜暴穷
——期货

期货投资是指在期货市场上通过买卖商品（标的物）的标准化合约以获取价差收益的投资方式，也叫作投机业务。期货交易的标的物既可以是金属、原油、农产品等实物商品，也可以是某种金融工具如股指、利率、汇率等。

期货投资具有很多优势，首先，它是双向交易，只要投资方向正确，我们无论是"做空"（预期未来行情下跌的一系列操作）还是"做多"（预期未来行情上升的一系列操作）都能够获得盈利，而且期货交易的费用较低，除了交易手续费外，不再另行征收印花税等税费；其次，期货实行的是"T+0"交易，也就是说当天买入的期货当天就可以卖出，这能够在一定程度上减少投资者的持仓风险，增强资金的流动性；最后，期货保证金制度还可以让投资者只需要按照合约价格的一定比率缴纳少量资金就可以进行交易，从而能够撬动"杠杆"，获得更多收益。也正因为这样，期货成了部分投资者眼中的"提款箱""印钞机"。

可是，投资期货真的能够永远一本万利吗？答案是否定的。事实上，期货市场是一个充满风险和变数的"狡猾"的市场，期货价格变化迅速、难以琢磨，而保证金制度又在无形中放大了期货交易的风险，如果出现了极端行情，投资者可能遭遇成倍亏损，而且亏损幅度可能会达到本金的数十倍甚至更多，所以风险性是远远高于股市的。

因此，从某种意义上说，期货的杠杆效应可能会使投资者一夜暴富，但也可能让投资者瞬间一无所有，所以我们一定要慎重投资，并且要重视对期货价格变化趋势的分析和预测，才能尽可能规避风险，获取收益。

　　钟先生是一位民营企业家，经过多年经营，他已经积累起了一笔可观的资金，但钟先生并不满足，一直希望能够让自己的财富快速增值。2017年年初，钟先生在一次朋友聚会上结识了一名期货投资顾问，在对方天花乱坠的描述下，钟先生对期货产生了强烈的兴趣。不久，钟先生斥资500万元进入了期货市场，在投资顾问的推荐下购买了处于上升势头的铁矿石期货。最初，铁矿石一路上涨，一度突破700元每吨，钟先生也小有获利，对期货投资的信心也更加强烈了。

　　但好景不长，进入2017年4月后，铁矿石价格快速回调，较前期高点跌落近30%。钟先生焦急地咨询投资顾问的意见，对方却坚定地看好铁矿石，还建议钟先生继续加仓购买。钟先生犹豫再三，也决定再等一等，看有没有上涨的可能。谁知铁矿石的价格继续走低，到6月9日，已经跌到了每吨435元，跌幅达到40%左右。此后铁矿石价格更是"跌跌不休"，没过多久，钟先生累计投入的资金已经超过 1500 万元，但账面上剩余的资金还不到 400 万元。最终，钟先生为了止损，不得不平仓离开了期货市场。回顾自己投资期货的这段经历，钟先生心中充满了懊悔。

作为一名成功的企业经营者，钟先生在期货市场遭遇了重大挫折，这个案例看似极端，却很有代表性。特别是对于新接触期货的投资者来说，任何草率或轻信的选择都有可能会让自己在"狡猾"的期货市场误入歧途，使自己辛苦积累的资金被市场吞没。

那么，如何避免在期货投资中遇到像钟先生这样的问题呢？

❖ 充分学习期货交易规则和技巧

期货投资不能打无准备之仗，如果像钟先生这样在一知半解的情况下匆匆踏入期货市场，获利的希望自然是十分渺茫的。因此，投资者必须认真学习各种与期货交易相关的知识，首先要弄清楚期货的交易规则，如保证金制度、手续费制度等，这些细节有很多地方与证券市场是不同的，需要投资者从头学习并切实掌握。另外，投资者还要仔细研究不同品种的代码规范、交易时间、变动单位、杠杆比率等，然后可以通过一些模拟软件练习一下基本的操盘技巧，直到能够掌握几项基本的技术分析方法，并能够培养出较强的风险意识之后，才能尝试用少量资金来进行操作。

❖ 严格控制自己的仓位

期货投资风险较大，而且期货合约是有时间限定的，如果出现行情逆转，未能及时追加保证金的话，投资者所持有的仓位就可能会被强行平仓。为了避免这类损失，投资者切忌满仓操作（资金使用比例达到最大），应当严格控制自己的仓位，最好能够保持 1/3 的仓位，最多也不要超过半仓。不过在现实中，经常会有投资者用操作股票的思路来投资期货，他们习惯满仓进行交易，可这样只要出现一次失误，就有可能血本无归，所以投资者一定要摒弃贪婪心理、赌博心理，要控制好自己的仓位，这样哪怕遇到市场剧烈波动的情况，剩余的资金也可以让自己有应对的可能。

❖ 期货交易要"顺势而为"

一位在期货市场鏖战多年的职业分析师曾经这样劝告投资者："千万不要与市场为敌。"这句话中蕴含的道理就是让投资者注意跟随市场趋势"顺势而为"，而不要逆势操作。期货的走势有上涨、下跌、调整几种，简单地说，顺势操作就是上涨趋势不做空，下跌趋势不做多。但同时我们又要注意到趋势还会有短期、中期和长期的变化，为了捕捉趋势，我们应该留意其各种技术指标，以尽可能地预先掌握趋势可能反转的信号，这样才能真正做到"顺势而为"。为此，我们应当时刻注意把握市场的基本走势，切忌根据自己的主观愿望错误地猜测行情。

比如某金属期货长期趋势表现为下跌，但中期、短期也有几波反弹行情。如果我们能够顺势而为，抓住趋势的变化节奏，长线做空，逢短线反弹出局，一旦短线趋势发生反转时再进场做空……这样一来，我们就能够收获可观的收益。

❖ 始终将"止损"放在第一位

对于期货投资者来说，无论何时，都应当将风险控制放在第一位考虑，而控制风险的主要手段就是及时止损。如果投资者能够提前设定好止损点，预先用系统下达止损指令，这样无论市场如何变动，都能够将风险降至最低，即使操作失误，也不会造成难以挽回的损失。相反，如果投资者过于自信，在交易过程中忽视或者故意不设置止损点，那么一旦出现极端行情就会造成巨大的亏损。

❖ 根据止盈信号及时止盈

在期货市场，止盈的难度往往比止损还高，有的投资者往往会害怕错失之后的行情，没能及时止盈，结果让好端端的盈利变成了亏损；还有些投资者害怕利润回撤，过早止盈，之后的行情还在上涨，自己却只能望洋兴叹。之所以会出现这些情况，还是因为投资者有猜底或猜顶的思想，总希望能够获得所有的利润，却忘记了有一个词语叫作"落袋为安"。事实上，即使是经验丰富的专家也不可能恰好止盈在趋势的最顶点，所以投资者不妨放宽心胸，按照自己设定的止盈信号止盈，见好就收，止盈就会变得更加轻松了。

总之，期货交易是一门科学，也是一门艺术，投资者应当调动自己的智慧灵活使用各种投资策略，并要培养成熟的交易心态，严格自律，做好止盈和止损，才能实现"让利润翻倍增长，将亏损控制到最小"的根本目的。

收益稳定才值得购买
——基金

基金投资是一种带有间接性质的投资方式，投资者可以用自己的资金选购基金产品，再由基金管理人管理和运用资金来进行股票、债券方面的投资，从而达到投资理财的目的。

与其他投资理财方式相比，基金投资具有收益稳健、风险较低的优点。这是因为基金公司会委派专业的经验丰富的投资理财团队进行具体的操作，他们掌握的市场信息也更加及时和准确，再加上他们将众多投资者的小额资金集中在一起，可以发挥资金的规模优势，降低投资成本，达到比个人投资者更好的投资效果。也正是因为这样，假如我们对市场不够熟悉，或是没有精力专门研究投资决策的话，不妨进行基金投资，让专家来打理自己的财富，使自己能够比较轻松地获得收益。

不过，只要是投资就会存在风险，而且基金种类繁多，不同的基金其价格、盈利能力、风险程度也是不尽相同的。所以，我们在进行基金投资时，要谨慎选择能够为自己带来稳定收益的产品，切勿盲目投资，让自己的资金遭受损失。

何女士是一名国企职工，平时对投资理财方面的知识比较感兴趣，但因为缺乏经验，一直没有赚到什么钱。

2015年春季，何女士听朋友说投资基金既能赚钱又不用操心，最适合没有经验的人，让她很是动心。于是她和丈夫商量了一番，就把家中的15万元现金全部用于购买基金。由于何女士对基金没有什么了解，在挑选基金时感到非常茫然。后来她觉得股票型基金回报率很高，就随便选择了一只股票型基金。

　　说来奇怪，在何女士投资之前，很多基金都涨势凶猛，可没过多久，基金就开始下跌，何女士购买的这支基金跌幅尤其惨重。何女士对此非常无奈，只好苦苦等待基金上涨。没想到一等就是两年，何女士投入的本金从 15 万元缩水到了不到 11 万元。看到这样的结果，何女士心疼极了，她发誓自己以后再也不购买股票型基金了。

何女士投资基金之所以会出现如此严重的亏损，主要是因为对基金缺乏基本的了解，她只知道选择高收益的股票型基金，却不知道高收益的背后还伴随着较高的风险。而且她在投资时选择了孤注一掷的做法，将所有的资金都投资到自己并不了解的基金上，这无疑让风险上升到了更高的水平，因此出现亏损也是很正常的事情了。

　　由此可见，即使是由专家打理资金，我们也不能掉以轻心，必须在投资前对基金种类有个大致的了解，然后从众多的基金产品中选择出适合自己的、能够给自己带来稳定收益的产品，才能进行投资。

　　具体来看，在选择基金产品时，我们可以重点把握以下几个方面。

❖ 关注基金的历史数据和相关公告

　　在选择基金的时候，我们首先应当关注的当然是它的历史业绩，这可以帮助我们初步判断基金是否具有赚钱能力，是否值得购买。一般而言，那些经过牛市、熊市长时间的考验，还能够保持良好收益的基金才是具备赚钱能力的，所以我们可以关注一下具有 10 年以上业绩证明的基金，并尝试从历史数据中了解该基金的一贯表现。

　　不过，历史数据能够反映的毕竟是基金过去的业绩表现，而我们在投资时更要关注基金的未来走向，所以我们还需要经常了解该基金的相关公告以及新闻资讯等信息，来判断投资该基金是否可以在下一个市场形势下为我们带来稳定的收益。

❖ 尽量避免购买新基金

　　在购买基金时，我们很容易将注意力集中到一些新基金上，因为一般认购新基金费率为 1.2%，申购老基金费率为 1.5%，看上去购买新基金似乎更加"划算"。可实际上，比起老基金来说，新基金没有历史业绩作为参考，质量也良莠不齐，并不适合新手投资者购买。而且新成立的基金一般会有 3 个月左右的封闭期，不能对其进行申购赎回，这就有可能让投资者错失很多市场机会，造成不少损失。而老基金一般没有赎回方面的限制，从流动性来衡量就要大大优于新基金。

因此，出于稳定、安全的考虑，我们投资基金时最好坚持"买旧不买新"的原则，如果一定要选择新基金，也要注意选择有过优秀历史业绩的老基金经理运作的新基金。

❖ 关注基金信息披露情况

在选择基金的时候，我们还要注意关注基金信息的披露是否充分。所谓基金信息披露，指的是有关当事人在基金募集、上市交易、投资运作的一系列环节中，按照法律规定需要向公众披露的信息。这种信息披露应当全面、真实，并且要具有时效性，不能出现故意隐瞒或误导、拖延的情况。

只有信息披露充分，投资者才能够增强对基金的信心，并可以做好价值判断，根据信息调整投资方案；相反，如果基金信息披露不充分，投资者就无法及时掌握基金的变动情况，一旦基金出现了问题，就会遭受巨大的损失。所以，我们在选择基金时也可以从其信息披露情况进行判断，以更好地选择收益稳定的基金，保证自己的资金安全。

❖ 关注基金公司的信誉及运作状况

我们在选择基金的同时，还要关注基金背后的基金公司，不同基金公司所能提供好的平台和操作人员也有差别，信誉良好的基金公司更能够稳健提升基金的业绩。为此，我们应当注意考察基金公司的长期获利能力及其投资运作的特点。比如有的基金公司满足于现状、不思进取，常常不能根据市场变化调整投资策略或推出合适的产品；有的基金公司又过于激进，不注重风险控制，像这样的基金公司都不适合成为投资时的选择。

另外，我们还应当注意考察基金公司是否具有良好的信誉，是否值得投资者信赖。只有选择一家管理体系完善、内部监控机制良好的基金公司的基金产品，才能实现预期的收益，达到投资理财的目的，否则就很可能会使资产遭受损失。

❖ **关注基金费用的高低**

基金涉及的费用包括认购费、申购费、赎回费、管理费、托管费、销售服务费等，投资者应当学会计算各种费用，以尽量减少投资成本。像基金管理费收取的比例就与基金规模、基金风险有一定关系，基金规模越大，风险越小，管理费率就越低；反之，基金风险程度越高，管理费率就越高。因此，我们在选择基金的时候最好能够将管理费率过高的基金排除在外，以达到降低投资风险、节省投资成本的目的。

除了上述几点外，我们在进行基金投资时，还应当对自身的风险承受能力进行评估。对于普通投资者，尤其是对基金缺乏足够了解的人来说，最好是能够对自己先进行一次风险评估。有了大致的风险评估结果后，就可以根据自己的风险承受能力和风险系数来考虑适合申购哪一类型的基金。

总之，只有仔细分析，掌握恰当的选择基金的方法，再结合自身的实际情况来做出判断和选择，我们才能找到收益稳定、值得购买的基金。

巧妙绕开理财陷阱
——保险

随着生活水平的不断提高，很多人也开始把购买保险作为投资理财的一个选择。因为保险不但能够帮助人们防范和避免疾病、灾难造成的财务困难，还能起到合理安排和规划资金的作用，可以达到资金保值和增值的目的。因此，我们在投资理财时也不要忽略保险这个项目。

一般来说，除去家庭必要支出我们建议个人或家庭在进行投资理财时可以将总收入的三分之一拿出来购买保险；另外三分之一的收入用来储蓄，以便应付不时之需；剩下三分之一的收入还可以再进行分配，一部分用于生活消费，另一部分则投资于股票、基金等收益更高的项目。这种资金分配方式既能创造收益，又能减少风险，可以说是比较合理的资金配置方式。

在国内，由于保险行业还未完全发展成熟，部分从业人员的素质也有待提高，所以我们在投资保险时应当尽量谨慎，并要多学习一些与保险有关的经济学、投资学知识，才能尽可能地避免理财陷阱，减少理财风险，达到投资获益的目的。

2012年3月，家住河北省的钱先生正在一家银行的网点存款，忽然被一位穿着工作服的中年女士叫住。这位女士自称是某保险公司的代理员，现在被公司派驻在银行网点，向储户推荐一款保险理财产品。钱先生本来对保险不是很感兴趣，可是这位女士说得头头是道，还向钱先生承诺购买保险的收益一定比银行定期存款要高。在女士的再三劝说下，钱先生动了心，没有仔细研究合同条款就同意购买保险，并一次性交了10万元钱，保险期限为5年。

2017年4月，钱先生想起了这份保单，就来到了保险公司，准备领取本金和分红。哪知道办理完相关手续后，钱先生竟发现自己只能拿到不到7000元的分红，另外还有本金增值的6000多元，相当于净收益还不到13000元。钱先生快速地算了一笔账，发现自己当时如果没有听信保险代理员的话，而是老老实实地将这笔钱存进银行的话，5年下来利息肯定要高于13000元。可现在自己本应获得的收益却平白无故减少了，这让钱先生气愤不已。

钱先生气呼呼地向保险公司投诉，保险公司却声称这份保单是钱先生自己亲笔签名办理的，所有的分红也是按照合同进行分配的，所以拒不接受钱先生提出的索赔要求。钱先生又要求追究保险代理员的欺诈行为，可是保险公司说那位代理员早就离职了，现在根本无法联系到本人。眼看维权没有希望，钱先生不禁又气又悔……

钱先生的遭遇在保险理财陷阱中并不少见，部分保险销售人员为了打动客户，总是喜欢刻意夸大保险理财的报酬率，再用一些动人的销售话术来打消客户的怀疑和戒备心理，然后促成签约。如果客户像钱先生这样对保险知识不够了解，无法识别真正的报酬率，就很可能会受到他们的诱导，买下自己不需要的保险，收益也会受到很大影响。

因此，我们如果想要通过保险来实现理财的目标，就应当多了解、学习保险知识，同时还要擦亮双眼，小心提防那些可能在保险销售过程中出现的陷阱。

❖ 保险的收益有被夸大之嫌

"夸大收益"是购买保险时最常见的陷阱之一。虽然利益更高的产品的吸引力更大，但我们也要注意判断业务员承诺的利益是否能够真正兑现。一般投资性保险产品的收益可以分为高、中、低三档，一些业务员在介绍时可能会故意隐瞒中、低档的收益，只介绍高档收益，更有甚者还会凭空口头创造高收益。可实际上，目前投资性保险产品的收益超过2.5%的部分都是不确定的，所以当我们听到业务员信口开河地宣称"产品收益率高达多少多少，远超银行存款利率"的时候，就要提高警惕，千万不要被所谓的高收益蒙蔽了双眼。

❖ 保险的风险被故意回避

保险产品主要的目的和功用是帮助我们抵御风险和意外，维持个人和家庭的经济安全、生活稳定。可是随着保险产品的不断发展和演化，一些产品的保障功能被削弱，投资理财功能被加强，但同时它们也像其他理财产品一样，是具有一定风险性的。如果我们购买这类保险，就要注意其收益性是和保险公司的经营状况联系在一起的，必然存在着很大的不确定性，严重时本息损失的情况也可能出现。不过有的业务员在介绍产品时不会明确告知这一点，这种行为属于"隐瞒风险提示"的违规行为，也应当引起我们的警惕。

事实上，业务员在销售保险时应当主动向客户出示保险条款、产品说明书、投保提示书等文件，在投保单的首页也会有风险提示语，而且业务员还应当为客户讲解清楚这些风险提示语句，并应要求客户亲笔抄录风险提示语句并签名。如果缺少这些应有的环节，我们也不应该贸然签约，以免让自己的资金遭受不必要的风险。

❖ "保险期限"和"缴费期限"被故意混淆

在购买保险时，我们还要注意分清"保险期限"和"缴费期限"，前者指的是从保险生效到约定的保险终止的时间，后者则是指从开始缴费到缴费完成的时间，二者是截然不同的两个概念。有的业务员在销售保险时经常混淆这两个概念，告诉客户只要连续缴纳几年就可以取得本金和分红，这属于欺诈行为。

事实上，客户按照缴费期限缴纳了所有的保费后，并不意味着保险期限就结束了，客户可能要等到几年、十几年后才能领取本金，具体期限要看保单上的"保险期限"是怎么约定的。如果客户想要提前支取，就会被保险公司当作退保处理，届时客户的本金就会损失不少。所以，我们在购买保险时一定要注意看清楚与"期限"有关的条款，以免受骗上当。

❖ 保险的保障范围含糊不清

在购买保险时，我们还要弄清楚自己购买的险种的保障范围。在实际生活中，常常有客户会被业务员误导，购买一些表面看上去保障功能强，也能获得收益的险种，可对于该险种具体的保障范围根本就不明白。结果到了兑付保险金的时候，才发觉和自己预期的完全不一样，此时虽然后悔也没有办法进行补救了。

比如一位客户在业务员天花乱坠的推荐下购买了一款类似于强制储蓄的分红寿险，业务员吹嘘说买了这款保险，生病住院也能获得理赔。可是当客户真的生病住院后，想要理赔，却被告知自己购买的保险只保障养老和意外身故，不提供医疗保障。为了避免遇到这样的问题，我们就应当弄清具体的保障范围，千万不要被一点点好处蒙蔽。我们只有反复研究保障范围，才能购买到最适合自己的保险。

总之，我们想要通过保险理财是无可厚非的，但一定要注意对保险条款多阅读、多钻研，把重要信息完全吃透，才能避免听信业务员的推销而给自己造成损失。

对抗通货膨胀的投资工具
——黄金

投资理财产品种类众多，每种产品都有自己的特点，而黄金一直被看作抵御风险和市场波动的"硬通货"，所以很多投资者对投资黄金也有极高的热情。

黄金作为一种贵金属，本身具有较高的价值，不会因为流通速度等因素的影响而贬值，具有极好的储藏投资价值。而且黄金交易市场的时间限制也较低，比如国外的黄金交易市场基本实现了全天候 24 小时即时交易，国内纸黄金交易时间是从周一上午到周六凌晨，时间上的便利也保证了黄金交易的及时性和流动性。不仅如此，黄金还有较强的流通性和变现能力，不光变现的渠道多，变现时产生的费用也比较低，价格机制十分透明，在这一点上远远胜过了汽车、珠宝等奢侈品。因此，很多投资者都将黄金当成一种对抗通货膨胀的理想"武器"，希望通过购买黄金，来避免在通货膨胀中自身财富被蚕食的问题。

不过，黄金虽好，在投资时也应当注意恰当的技巧和方法，而且还要懂得相关的知识，否则盲目购买，就有可能误中圈套，让资金遭受损失。

谢阿姨听人说投资黄金非常安全，还能获利，便想购买一些黄金首饰，放在家中保值。2017 年 12 月，谢阿姨来到了一家金店，购买了一对黄金耳环、一条金项链、一枚金戒指，共花费 11860 元。

回到家后，谢阿姨喜滋滋地将金饰展示给家人看，没想到她的儿子小华一眼就发现这些金饰有问题。小华指着金饰的标签"Au916"对谢阿姨说："这根本就不是纯金，你上当了！"

谢阿姨十分纳闷，连连辩解："店员说这是足金啊，足金不就是纯金吗？"小华哭笑不得，赶紧从网上查找了相关资料，让谢阿姨自己去看。谢阿姨这才知道自己买到的金饰其实不是纯金，而是比例为91.6% 的黄金和其他贵金属，也叫 22K 金，市场价格一克只有 250 多元，要大大低于谢阿姨购买的价格。谢阿姨明白自己受骗了，赶紧和儿子一起去金店退货，经过一番口舌争辩后，才算挽回了自己的损失。

马先生在上网的时候看到某公司推出了贵金属交易平台，还有专门的分析师帮助分析行情，指导投资，能够让投资者用较少的保证金撬动5~10倍的利润，既安全又有高收益。

马先生觉得这是个赚钱的好机会，就从自己的积蓄中取出了10万元，投资了该公司的黄金产品，没想到刚刚投资不久，黄金价格就开始下跌，市场价格下跌了10%，马先生的亏损率却达到了5倍，10万元的保证金一下子就亏损了5万多元。

谢阿姨和马先生虽然投资的是不同的黄金产品，可是他们有一个共同点，那就是对投资黄金缺乏专业的知识，完全是抱着想当然的心态来购买或投资黄金产品的，这样难免就会遇到投资失败或是受骗上当的结果。

由此可见，想要投资黄金，就一定要多学习知识，并要提升防骗意识、风险意识，才能避免损失，并能够发挥好黄金对抗通货膨胀的作用。

以下这些建议可以供投资者在投资黄金时参考。

❖ 黄金入门级投资可以从纸黄金开始

纸黄金又叫账面黄金，指的是投资者可以通过账面系统对黄金进行买入、卖出的操作，并可以在黄金价格上涨时获得收益。

在各种黄金产品中，纸黄金投资的门槛是比较低的，有的银行推出的纸黄金最低10克就可以投资，投资成本对于新手来说不难接受。不仅如此，投资纸黄金也是比较方便的，投资者只要在商业银行开通贵金属交易账户就可以了，每天晚上空闲的时候也可以打理，不必像炒股一样必须在特定的时间才能进行。

❖ 尽量避免投资风险较大的黄金期货、黄金期权

黄金期货和黄金期权都属于高风险的理财产品，投资者如果没有专业理财知识，最好不要贸然进行投资。比如黄金期货合约交易只需要10%左

右交易额的定金作为投资成本，因此具有较大的杠杆性。从表面上来看，投资者只需要用少量的资金就可以推动大额交易，似乎收益十分可观，可是投资者往往会忽略投资风险也在同时放大的事实。一旦黄金价格下跌，投资者就会遭受非常大的损失，像本节案例中的马先生就遇到了这样的问题，结果轻易地损失了大笔资金，可见投资这类产品应当慎之又慎。

❖ 投资黄金应选好时机

投资黄金还要注意选择好购买时机，只有在恰当的时候买入才能获得可观的收益。而趋势是投资最好的"朋友"，我们在确定行情性质的前提下，一定要学会顺势而为，这才是正确的选择。

从策略上讲，投资者应该沿着"大牛市"的上升趋势操作，坚持在回调中买入。而由于最低点可遇而不可求，所以最好是要分批买入，待涨抛出，再等待下一个买入机会。同时，在购买黄金的时候还要遵守一个经典的投资原则，那就是"买涨不买跌"。实际上，在价格上升的过程中，每一刻的购入行为都是正确的，只有在金价上升到最顶端而转势之时不应该购买。所以，在进行黄金买卖时，投资者不应该片面看重黄金的价格水平，而忽略了目前金价到底是处于"大熊"还是"大牛"的趋势。

❖ 投资黄金切忌快进快出

有的投资者在投资股票、基金等理财产品时，常常喜欢进行短线操作，低买高卖、快进快出。但是这种方法对黄金投资就不适用了，因为黄金属于中长线的投资工具，与外汇、股票等投资产品相比，少有大起大落的情形，并不适合频繁地买进卖出，加上黄金交易需要支付一定的加工费和手续费，如果频繁买卖黄金就会在无形中提高黄金交易的成本，影响最终的收益。

比如银行在回购实物黄金时，每克会收取 15~20 元不等的手续费；期权交易时也需要缴纳高额的期权费。所以，投资黄金最好是考虑中长期的投资，只要当前黄金处于一个上升的周期内，投资者就应该稳健地持有，而不应抱着侥幸心理进行快进快出的操作。

当然，投资者也不能盲目地持有黄金，不能因为贪图收益而忽略了止盈。有些投资者在投资黄金的时候贪念太重，总是想着黄金的价格能再涨一些，以获得更多的收益。可是市场变化无常，在金价持续上涨时很可能会突然反转走势，让投资者猝不及防。所以，投资者在已经频频获利时，一定要注意控制自己的欲望，不能对市场趋势的变化掉以轻心。

同样的道理，在黄金价格持续下跌的时候，投资者也应当及早止损，如果损失已经超过了自己的承受极限，那就应当果断出售手中的黄金，以免让资金损失进一步扩大。

警惕"空手套白狼"的赚钱假象
——庞氏骗局

假设有一款投资理财产品宣称"1元起投，随时赎回，高收益，低风险，预期年化收益率最高可达14%甚至更多，投资10万元钱，一年能赚回14000多元的利息……"你会不会感觉非常心动呢？会不会立刻把自己手中的资金毫不犹豫地全部用于购买该产品呢？

一些对经济学知识特别是投资理财知识不理解的人估计会不假思索地开始投资，并从此做起了"发财致富"的美梦。但实际上，他们投入的资金不但不会像对方承诺的那样如滚雪球般越滚越多，反而还会发生严重的亏损，甚至还有可能血本无归。

老张是一名刚退休不久的老教师，多年辛勤工作，再加上平时省吃俭用，他手头攒下了40万元钱，打算通过投资理财让资金得到增值。由于老张对投资知识一窍不通，所以便抱着学习的态度从互联网上搜索起了相关信息。

一天，老张被一个理财网站的广告深深吸引住了，他看到网站上"保本保息、灵活支取、收益率远超银行"的口号，心动不已。老张咨询了一下客服，客服告诉老张网站正在投资一些前景十分乐观的项目，现在是向全社会募集资金，机会非常难得，让老张抓紧时间投资。老张犹豫了一番，最后决定先投资 1000 元钱"试试水"。

第二天，老张紧张地打开网站一看，发现自己在该网站的账户下竟然多了 20 元钱利息，这不禁让他喜出望外，马上就把自己的全部资金都打入了这个网站。

从此以后，老张天天关注着这个网站，看到自己的利息像滚雪球一样地增长，他感到开心极了。过了一段时间，由于家人急需用钱，老张就想把自己的本金和利息都从网站提取出来，可是一点击"提现"按钮，网站就显示"链接错误"。老张慌忙与客服联系，客服安慰他说这是网络故障，让他少安毋躁，过几天再来提现。

老张怀着不安的心情又等待了几天，发现网站已经被查封了。无奈的老张只得去派出所报警，这才知道像自己一样被该网站骗去了血汗钱的人并不在少数……

案例中的这种骗局其实就是经济学中常见的一种投资诈骗行为——庞氏骗局。它指的是设局者用高额利息和短期回报吸引投资人的注意和投资，然后不断将新投资人投入的资金作为利息付给老投资人，以赢得投资人的信任，从而可以骗取更多人上当。如果用简单的俗语来形容，庞氏骗局的运作原理就是"空手套白狼""拆东墙补西墙"。然而漏洞越补越大，等到资金链难以为继的时候，庞氏骗局就会彻底暴露，而投资人特别是最后加入的新投资人则会损失惨重。

最早的庞氏骗局源于第一次世界大战之后，当时有一个定居美国的意大利人查尔斯·庞齐精心设计了一个骗局，他先是在《波士顿邮报》上发布消息，称自己开办的证券交易公司准备从事一项转卖代金券的业务，可以获取大量利润，现在向全社会募集启动资金，愿意投资的人将获得丰厚的回报，45 天利息能够达到资金总额的 50%，3 个月内资金就能实现翻倍增长。消息一出，许多不了解真相的波士顿市民开始疯狂投资，不到半年，就向庞齐的公司注入了 1500 万美元。可实际上，庞齐并没有从事任何金融操作，却用投资者的钱过上了花天酒地的生活。为了诱使更多人投资，他还将新投资人的部分资金作为红利付给最初投资的人，使得越来越多的人上当受骗。几个月后，庞齐遭到举报，引发了投资人挤兑，庞齐无钱给付，只好带着所剩不多的资金逃之夭夭。

在庞齐的案件暴露之后，这种"空手套白狼"的投资骗局便被称为"庞氏骗局"。随着时代的变迁，庞氏骗局不但没有消失，反而跟随着潮流出现了很多更加新鲜的手段，像案例中的这种骗局就是加入了互联网金融元素的庞氏骗局变种，另外现在还出现了很多复利投资、游戏理财、平台投资之类的新型庞氏骗局。不过从本质上说，无论庞氏骗局再怎么花样百出，其行骗的手法并不算是高明，只不过由于投资者盲目轻信，再加上对利益的无限追逐，才会让受骗上当者像金字塔一样越堆越高，损失也变得越来越大。

那么，投资者应当如何鉴别庞氏骗局，避免让自己的资金遭受损失呢？以下这几点就是我们在投资时应当特别注意警惕的。

❖ 投资回报率大大高于常规

高回报率是庞氏骗局能够屡屡得逞的一个非常重要的武器。因为一些缺乏经验的投资者常常会用收益率来衡量某些项目是否具有投资的必要，所以骗局的组织者就会用高得离谱的数字来吸引这类人，使他们在利益的驱使下做出错误的选择。比如，按照常规行情，一般企业的正常投资回报率能够超过 8% 就已经很不容易，但"庞氏骗局"项目的收益率动辄就能达到 30% 甚至更多，像这种大大高于常规的投资回报率就是最明显的庞氏骗局的标志。

❖ 承诺完全无风险

众所周知，风险与回报总是同时并存的。在投资方面，任何项目都不可能既让你得到回报，又不用承受任何风险，没有风险的投资是不符合市场规律的，所以就连银行发行的收益较低但比较安全的理财产品都不会用"零风险"来作为宣传口号，但是庞氏骗局项目的组织者们常常会大言不惭地吹嘘自己的产品"保本保息、绝对安全"，这就是一种明显的欺诈行为。如果投资者轻信了他们的谎言，将资金交给他们，在起初可能还能得到一些利息，但等到骗局败露时，不但收不到骗子承诺的利息，就连本金也会遭受严重损失。

❖ 提供高昂的拉新回报

庞氏骗局为了能够持续运转下去，必然需要大量新投资者的加入，这样才能保证资金流不会断裂。所以，骗子们总是希望能够拉到更多的客户，以拓宽资金的规模，给自己赢得更多的"拆东墙补西墙"的时间和空间，于是他们就会用高昂的拉新回报来引诱现有的投资者，让他们通过利诱、劝说，从自己身边的人脉中开发出更多的新投资者。

比如一款名为"某某外汇"的理财产品除了承诺高收益率外，还向投资者许诺每拉来4个新客户，就可以享受1%的佣金，并可以晋升为"经纪人"。如果拉来的新客户中有3人能够成为"经纪人"，那么投资者的佣金比例又能上升。如此循环下去，就会有越来越多的人加入庞氏骗局，最终骗局败露的影响面也会越来越广。

❖ 无法清楚描述资金去向

无论将骗局包装得多么光彩照人，都有一个致命的缺陷，就是没有办法清晰地告知投资者资金到底投向了何处，具体的运作情况又是怎样，因为他们根本就没有将资金拿去进行投资运作，而是用于了个人挥霍和填补利息空洞。庞氏骗局的组织者也很清楚这一点，所以他们会想尽办法在这种问题上含糊其辞、避重就轻，再加上一些投资者也看不懂理财产品说明书，不懂理财常识，很容易被骗子蒙混过关。

❖ 资金提现十分困难

庞氏骗局还有一个特点就是进入门槛很低，退出门槛却很高。一旦投资者意识到了问题，想要提现退出，常常会遇到各种各样的障碍条件，不是被收取高额的手续费，就是遇到骗局组织者随意修改提现规则等情况。比如，某平台承诺即时提现，可是当一名投资者想要提现时，却被告知需要等待72小时的"审核时间"，该投资者苦苦等到距离打款还有两个小时的时间，却发现自己的账号已被暂时冻结，还需要再与平台客服联系后，提供更多详细资料后才能获得解封。像这种情况出现其实就说明该项目已经遇到了资金链的问题，投资者如果没能及时退出，难免会遭受惨重的损失。

通过以上几点，我们已经基本可以认清庞氏骗局的几个主要特征，一旦遇到了类似情况，就应该引起高度警惕，不能轻易将自己的资金交给这种项目来运作。另外，投资者还应当提升自己的风险意识，时刻谨记"天上不会掉馅饼"，不要让自己的双眼被所谓的"高回报、低风险"所蒙蔽。

小钱袋变成大金库
——复利

很多不太了解经济学知识的人可能会认为投资理财是非常复杂的事情，但事实上，有一种十分简单的计息方式可以帮助我们轻轻松松地实现财富的增值，而它就是被爱因斯坦称为"世界第八大奇迹"的"复利"。

所谓"复利"，也叫"利滚利""驴打滚"，就是将上一期投资的本金和利息之和作为下一期投资的本金，使利息也能够产生收益，如此累计下去，资金便会像滚雪球一样增长。至于"单利"则是只有本金计算利息，利息不再滚利的计息方式，在本金、时间、收益率相同的情况下，复利的收益显然是要高于单利的。

比如我们用 1000 元钱进行一项投资，年利率是 10%，一年后本息合计为 1100 元。第二年我们如果用单利计算利息，本息合计为 1200 元。可要是用复利计息，本息合计就会达到 1210 元，比单利计算的结果多 10 元；到了第三年，用单利计算利息，本息合计为 1300 元，用复利计息，本息合计能够达到 1331 元，比单利计算多 31 元……乍看上去数字相差不大，可要是我们的本金再多一些，年利率再高一些，投资年限再长一些，复利与单利的差距就会十分可观了。

为世人所熟知的诺贝尔基金就是因为"复利"而不断增值的。

1896 年，伟大的化学家、工程师、发明家诺贝尔在去世前用自己的遗产成立了诺贝尔基金，每年用基金的利息作为奖金，奖励那些"为人类做出突出贡献的人士"。

最初诺贝尔奖奖金的规模大概为 3000 多万瑞典克朗（约合 920 万美元），至于每位获奖人则可以获得大约 15 万瑞典克朗，以当时的经济水平来说称得上是一笔丰厚的奖励。然而，由于基金会投资策略非常保守，采用了单利计息的办法，收入远远无法弥补奖金支出和日常运作费用，再加上通货膨胀和货币贬值的影响，致使诺贝尔基金的资产不断流失，到 1953 年仅剩下 300 多万美元，发放给获奖人的奖金额度也在逐年缩水。

在濒临破产的情况下，诺贝尔基金会的理事只得寻求专业人员的帮助，改变过去的投资策略，开始进行复利投资，即以每年收益的 10% 进行复利投资。从此以后，诺贝尔基金的资产不但没有减少，反而飞速增长，目前诺贝尔基金总资产已经接近 30 亿美元，是设立之初的 90 多倍。据经济学家估算，从 1953 年至今，诺贝尔基金的年平均复利速度超过了 20%。在如此惊人的复利的影响下，诺贝尔基金已经成了一笔越来越庞大的财富，被人们称为"永远都发不完的奖金"。而且现在诺贝尔的奖金额度也变得越来越可观了，2017 年，每位诺贝尔奖得主能够获得的奖金已经超过了 100 万美元。

诺贝尔基金起死回生的故事对于渴望通过投资理财致富的人来说是一种可贵的启发：只要运作得当，复利就能够产生聚沙成塔的效果，可以让我们手中不起眼的"小钱袋"变成堆积财富的"大金库"。

那么，我们应当如何利用复利来进行投资呢？

❖ 确保稳定、持续、适当的收益率

复利的核心要素有三点，即初始的本金、一定的收益率和较长的时间。从收益率来看，只有收益率达到一定的水平，我们才能够最终享有可观的收益。由于复利的计算比较复杂，经济学家提出了一条"72 法则"以大致计算本金经过复利投资后多久可以获得翻倍。比如年平均收益率为 6%，那么本金翻倍的期限大约为 72/6=12 年；平均收益率为 10%，那么本金翻倍的期限就大约是 72/10=7.2 年。

通过"72 法则"我们也可以看到只要保持适当的收益率，复利就可以让我们的资产在数年内翻倍增长。但这并不意味着我们就要去追逐暴利，因为那会让我们的投资行为充满风险，亏损的概率也会大大提升。特别是遇到幅度较大、频次较高的亏损的话，就会让我们之前的复利收获被白白抵销掉。所以我们应当进行合理的投资规划，并且要有较强的风险意识，使得复利投资能够获得稳定、持续、适当的收益率。

❖ 尽早开始复利投资

进行复利投资应当越早越好，因为越早投资，就越能利用资金产生的利息来取得更多的额外收益，复利终值就会越来越高。比如一个年轻人从 25 岁时开始进行复利投资，最初的本金为 5 万元，如果每年增加投资 1 万元，保持每年的投资收益率为 10%，那么到 20 年后，他 45 岁的时候，就能够拥有近 90 万元的本息总收入，其中利息金额就达到了 65.91 万元。如果到 40 年后，他 65 岁的时候，就能够拥有 667.89 万元的本息总收入，其中利息金额为 623.89 万元。从这个数字对比上我们也可以发现复利的一大特点，那就是时间越长，复利的效应就越强大，所以我们应当重视复利，并要争取尽早进行复利投资。

❖ 努力避免理财"空档期"

复利的威力体现在它能够让我们持续获益，而要达到这种持续性，就需要我们巧妙地配置资产，让自己的资金时刻处于增值的状态，尽量避免空档期，这样才能最大限度地发挥复利的作用，让每一点利息都能够运转起来，达到钱生钱的目的。

遗憾的是在现实中，很多投资理财者不太重视这方面的问题，常常在上一轮投资结束后没有及时行动进行快速的后续投资，导致自己的资金处于沉睡状态，没有收益产生，这实际上就是一种投资的损失。所以，我们应当合理地选择空档期较短的投资理财产品进行投资，如果需要更换产品，则要注意压缩转换时间，这样才能为自己赢得更多的收益。

此外还需要提醒的是，进行复利投资应当具有足够的耐心，有不少投资者因为在短时间内觉得收益较少就放弃了复利投资，转而投向一些收益高但风险明显较大的投资理财方式，希望自己能够一夜暴富，这显然是不实际的，很有可能会让自己面临严重的亏损。事实上，投资理财是没有捷径的，我们应当相信复利的威力，通过持续的努力，随着时间的积累，就会获得超乎自己想象的投资回报。

第六章

一只"看不见的手"

——把握供求关系的市场经济学

越贵的商品越有人买
——吉芬商品

吉芬商品是经济学中的一个名词，它的定义是：在其他因素不变的情况下，某种商品的价格如果上涨，消费者对其的需求量反而会增加。

早在19世纪，英国的经济学家罗伯特·吉芬就发现了一个有趣的现象：在当时的爱尔兰，由于发生了灾荒，土豆产量锐减，价格上升，但是人们对土豆的需求量并没有因而缩减，反而大大增加了。这种情况明显违背了经济学的基本定律——需求定律（商品价格与需求量呈反向变动关系），吉芬对这种情况很感兴趣，将其称为"吉芬难题"，而这里的土豆也就成了最早的吉芬商品。

分析吉芬难题我们会发现吉芬商品具有以下几个特点。

❖ 吉芬商品是一种生活必需品

对于19世纪爱尔兰的贫困家庭来说，土豆这种档次较低的主食是一种生活必需品，在家庭总开支中占据很大的比重。当土豆价格下降的时候，相当于人们的可支配收入上升，人们发现花一定量的钱可以买到更多的土豆，那就没有必要大量囤积，而是可以减少需求量，用余钱去购买一些比土豆昂贵的替代品，如肉类等来改善生活。可要是土豆价格上涨，情况则正好相反，人们的可支配收入大幅下降，只能被迫压缩其他替代品的消费，以购买更多的土豆，由此使得土豆的需求量增加。这种情况也被经济学家称为收入效应超过了替代效应。

❖ 吉芬商品是一种特殊的低档商品

并不是所有涨价而需求量增多的商品都是吉芬商品，真正的吉芬商品还应当满足价值较低的要求，并且是可以被替代的。在生活水平越来越好的情况下，吉芬商品的需求就会越来越少，比如方便面就是一种典型的吉芬商品。而珠宝、高档手表等奢侈品则不属于吉芬商品，因为它们具有很高的价值，是独特、稀缺、珍奇的商品，拥有这类商品也是一种品位的象征，在生活水平越来越好的情况下，人们对于这类高价值商品的需求会逐渐增多。

❖ **吉芬商品必须符合特定前提**

吉芬商品只在一定条件下才能存在，比如吉芬难题中的土豆就是因为灾荒引起了土豆价格上升，同时当地贫困家庭众多，才会造成土豆需求量增加的现象。这种现象很难人为制造，而且一旦条件改变，如土豆供给量大大增加，人们对土豆的需求逐渐减少，土豆也就不再会是吉芬商品了。

在我们的现实生活中，吉芬商品也并不少见。比如很多旅游景点平时门可罗雀，门票常常以低价销售，有时甚至免费参观，可是游人仍然寥寥无几。但在节假日期间，门票价格会开始上涨，进入其中参观游玩的人却络绎不绝，人们从涨价后的门票中得到的实际效用并不高。

同样，一种特殊的低档产品，在它刚刚出现在市场上时，我们对它的性质、功能等信息并不了解，在定价较低的时候，我们就会很自然地将它当作可有可无的商品，对它的需求会比较有限。可要是定价很高，我们就有可能将它看成一种高档商品，因为购买它能够彰显自己的身份，再加上从众效应的影响，就会不断产生更多的需求，这样就会形成一种"越贵的商品越有人买"的情况。可实际上，我们花在这种商品上的钱与它的实际价值是不相称的。懂得了这个道理后，我们就可以更加理性地去安排自己的消费。

比如我们如果有外出旅游观光的需求，就可以注意避开节假日的高峰时段，选择平时客流稀少的时候前往，这样既能享受价格低廉的门票，又能避免拥挤，可以尽情享受旅游的乐趣。再如一些吸引我们目光的"新奇特"产品，我们要注意分析它们的实际价值，不要随大溜或是为了面子而盲目购买，而是应当仔细分析一下，看看它们是不是标着高价的吉芬商品，免得自己在无意之中多花了冤枉钱，购买了低档的吉芬商品。

选择买房子还是租房子
——刚性需求

在商品供求关系中，受价格影响较小的需求被称为刚性需求，相应的受价格影响较大的需求则是弹性需求。对于个人来说，刚性需求是一种比较基本也比较急迫的需求，涉及生活中不可缺少的一些商品，比如能够满足人们吃饭、穿衣、居住等基本需求的商品，像食盐就是一种典型的刚需商品。当然，用于自住需求的房屋也是刚需商品，对于那些迫切需要解决居住问题的人来说，购房就是一种刚性需求。

对于自己的刚性需求，只要不超过承受能力，还是应当在恰当的时机以合理的价位进行满足。如果总是抱着观望的态度，一旦刚需商品供不应求时，价格就会继续上涨，到时为了满足自己的需求，就需要付出更多的成本。

2009 年，两个年轻人小唐和小徐来到天津打工，为了解决居住问题，举目无亲的两人最初选择了租房。可是小唐觉得与人合租很是不便，经过一番详细的计划后，他向亲戚借了些钱付了首付，买下了一套价值 80 多万的房子，当时天津的住宅销售单位面积价格约为 6600 元 / 平方米，小唐除了要向银行交纳月供外，还要还亲戚的钱，日子过得紧巴巴的，不过能够拥有属于自己的一片小天地，让他觉得很是满足。

小徐对小唐的做法很不理解，因为当时同样的房子月租不过只有 2000 元，小徐觉得与其买房受累，还不如租房更轻松。于是小徐继续过着租房的生活，同时享受着自己舒适的人生。

一年过去了，天津的住宅价格开始快速增长，小唐的住房价格已经突破了 8000 元 / 平方米，此后虽然经历过几次回调，但 2013 年后楼市又开始回暖，大量"刚需"释放，使得房价上涨迅速，很快突破了万元大关……

眼看着房价不断上涨，小徐开始恐慌起来。其实在房价回调的时候他也曾有过出手的打算，但他总想着房价还能再下调一些，结果就错过了一波又一波的机会。现在他手头的资金甚至连房屋首付都交不起，而原先那套月租2000元的房子，租金也涨到了4000元，小徐觉得难以承受，就只能重新再找便宜的房子，自己的生活质量却下降了不少。而另一边，小唐早已还清了欠款，每月需要交纳的月供也在能力范畴内。看着小唐的生活渐渐步入了正轨，小徐又是羡慕又是懊悔。

在这个案例中，我们可以发现小唐和小徐其实都是"刚需一族"，他们对自住房屋其实都有自己强烈的需要，只不过小唐对何时该满足自己的需求非常清楚，通过理性判断在自己可承受的范围内，及时入手了一套房屋。而小徐则因为观望错过了很多机会，没能及时满足自己的刚性需求，结果只能眼看着房价上涨，却没有办法入市。

由此可见，对于首次购房或以改善住房条件为目的购买第二套房的"刚需一族"来说，过多的观望和犹豫可能会增加机会成本，损失自身的利益，所以在自己承受能力之内，住房价格也调控到合理的点位时，就应当果断出手，满足自己的刚性需求。

需要提醒的是，"刚需"购房不等于冲动购房，在选择租房还是购房前，我们一定要先问清楚自己两个问题：我们购房的目的是什么？什么样的房子最符合我们当前的需要？

如果是为了满足自己亟待解决的住房需要的，那就属于刚需购房，即使未来房价下跌，并不影响我们的自住需要，不会对我们构成太大损失。但若是为了投资，希望低买高卖以赚取更多收益的，就不属于刚需，就必须考虑到未来可能发生的投资风险。

另外，我们还应当从自己的实际情况出发，分析自己的收入水平、支付能力，决定贷款购房者尤其要考虑好自己能否承受得了每月的还款，然后再选择能满足基本的居住需求的住房，切勿为了面子，盲目攀比购买面积大、地段好的房子，结果却让自己背负不必要的额外负担。

为什么食用油涨价也要购买
——需求的价格弹性

在市场经济中，诸多因素发生变动都会对需求造成一定影响。经济学家会用弹性指标来定量分析这种影响的大小，比如需求价格弹性就反映了价格变动对需求量变动的影响。如果弹性数据小于1，就说明需求变动的幅度小于价格变动的幅度，这种商品就被认为是缺乏弹性的商品；如果弹性大于1，说明需求变动的幅度大于价格变动的幅度，该种商品就被认为是富有弹性的商品。

这些理论性的知识或许会让人感到费解，所以我们不妨以生活中发生的实际案例来具体地解释一下需求的价格弹性。

> 2018年春节前夕，陈伯伯到菜市场去购买猪肉。来到一个生肉摊前，陈伯伯向摊主询问精瘦肉的价格，摊主告诉他每斤售价14.8元。陈伯伯觉得有点贵，又问了问五花肉的价格，可是五花肉也不便宜。陈伯伯犹豫了起来，心想："猪肉这么贵，我还不如买点鸡肉、鱼肉，营养也差不了多少，何况还更便宜。"于是，陈伯伯一转头就离开了生肉摊。
>
> 在其他摊位买了一只鸡、两条鱼后，陈伯伯想起家里炒菜用的食用油也快用完了，便走进超市想去买桶油。超市里菜籽油、大豆油、花生油、调和油应有尽有，可是价格却比上月略有上涨。陈伯伯选了一瓶花生油放进购物篮，唉声叹气地说："又涨价了，唉，涨价也没办法，还是得买。"

陈伯伯在购买猪肉和食用油的时候，态度看上去是截然不同的，猪肉涨价后他转身就走，食用油涨价后他却继续购买，这是为什么呢？想要弄明白这个问题，还要从需求的价格弹性说起。一种商品的需求价格弹性主要与以下几种因素有关。

❖ 这种商品是否是必需品

对于人们生活离不开的必需品来说，价格上涨、下跌对需求的影响都不大，表现出的需求价格弹性就是较小的；反之，一些非必需品在价格上涨后，很多人就不会选择购买，即需求会减少，表现出的需求价格弹性就是较大的。

❖ 替代品是否容易获得

如果一种商品有很多替代品存在，那么当它的价格上涨时，人们会很自然地选择其他更便宜的替代品，使得需求减少，需求价格弹性变大；反之，如果一种商品的替代品较少，甚至没有任何别的商品可以替代，那么即使价格上涨，人们也不得不继续购买，也就是说价格对需求的影响不大，需求价格弹性就是较小的。

❖ 在消费者总支出中所占比例的大小

如果一种商品需要消费者花费大量资金才能购买，也就是说占据了消费者总支出中较大的比例，那么它的价格上涨后，消费者可能就会无力购买，导致需求减少，需求价格弹性变大；反之，一种商品只占据消费者总支出中很小的比例，那么价格上涨与否对需求影响也很小，需求价格弹性也是较小的。

除此以外，商品使用时间的长短、本身用途的广泛性也会影响其需求价格弹性。比如使用时间长的耐用品，如家具、电器等价格上涨，消费者可能暂时就不会购买，而是先勉强使用旧的商品，想等到价格便宜后再去购买，由此也会引起需求减少，需求价格弹性变大。

根据上述这几点我们可以来分析猪肉和食用油的价格弹性。由于食用油是人们生活中的必需品，替代品也十分有限。即使我们不买花生油，也只能在其他类型的食用油中做选择。所以虽然食用油价格上涨，但是为了满足生活所需，我们还是会继续购买，也就是说，人们对食用油的需求不太会受价格的影响，由此也可以看出食用油是一种需求价格弹性较小的商品。

至于猪肉的情况则刚好相反，因为有很多替代品如鸡肉、羊肉、牛肉、鱼肉存在，所以猪肉一涨价，我们可以暂时不吃猪肉，改以其他价格更为便宜的肉类来代替。这些肉类在市场上也很容易购买，而且营养价值相差不大。所以猪肉的需求会因为价格上涨而减小，由此也可以看出猪肉是一种需求价格弹性较大的商品。

了解了需求价格弹性以后，我们就可以更好地安排自己的消费和经营活动。比如在消费过程中，我们对那些需求价格弹性较大的商品，可以在其价格上涨期间尽量减少消费，并代之以更加便宜的替代品，这能够为我们节省下不少的资金。而在经营的过程中，我们也可以根据不同商品的需求价格弹性，选择适时进货，这样也能够为我们赢得更多的经济收益。

为什么苹果在旺季价格下降
——供求法则

不知你是否注意到，明明应该是火爆的销售旺季，但有些水果的价格不但没有上涨，反而还大幅下降，这种情况是什么原因造成的呢？市场供求关系又在其中扮演了什么样的角色呢？

2017年12月底，圣诞节、元旦节双节将至，大街小巷各种出售"平安果"的宣传标语又打出来了，朋友圈里也多了很多晒出"平安果"的照片。弄清了"平安果"其实就是包装精美的苹果后，市民李妈妈觉得有点担心，因为家人都很喜欢吃苹果，现在又是苹果销售的旺季，那苹果的价格会不会上涨很多呢？

李妈妈带着忐忑的心情走进了自家附近的菜市场，来到了水果摊位，发现这里并没有出现抢购的情况，反而消费者稀少，看上去颇为冷清。李妈妈一个一个摊位地挨着看下去，更惊讶地看到苹果的价格比前几个星期下滑了三四成。李妈妈觉得十分奇怪，便和一位相熟的摊主攀谈起来。

没想到李妈妈刚一开口，摊主就开始大倒"苦水"："还涨价呢，别提了！我做水果批发也有20多年了，今年的行情真是出奇的惨淡。

您看我这些苹果，价格都降了这么多，还是没人买，唉，真是一点办法都没有。"

正说着，附近一个摊位的摊主也开口了："可不是吗？今年无论是进口水果还是国产水果都跌价了，比去年这个时候至少低了三成。"

李妈妈这下放心了，她精心挑选了一些新鲜的苹果，价格比平时还要实惠。不过她还是没有想明白苹果为什么会在旺季降价这么多。

李妈妈想要弄明白的问题正与市场供求关系有关，苹果之所以会在旺季降价，背后的决定因素是消费者的需求量与商品的供给量，这在经济学上被称为供求法则：即需求、供给、价格之间存在着紧密的联系，决定了价格形成和市场运行的机制。

具体来看，需求和价格是呈同向变动的关系，在供给量不变的前提下，需求量增加，价格上涨，需求量减少，价格下降；而供给与价格的关系则正相反，是呈反向变动的，在需求量不变的前提下，供给量增加，价格下降，供给量减少，价格上涨。此外，在需求量和供给量同时发生变动的情况下，价格的变动就要根据双方变动幅度大小来决定。

如果用供给法则来分析让李妈妈困惑的问题，答案就会一目了然了。在旺季消费者的需求量虽然有一定上升，但上升幅度较小，而当年水果却取得了大丰收，使得供应量大大增加，出现了供大于求的情况。比如2017 年多地的苹果、油桃、柚子、红枣等就出现了丰收后滞销的现象，其中苹果最为典型。山东、陕西等地的苹果一上市就开始掉价，但购买者依旧寥寥。此时商家为了抛售手中的水果，就会采取降价促销的方式。同时商家与商家之间为了竞争，还会打价格战，希望能够吸引更多的消费者。如此就会形成恶性循环，使得水果的价格越来越低。此时在市场上会形成以消费者为主导的买方市场，消费者不但能够获得更加理想的价格，还能随意挑选商品，并获得满意的售前、售中和售后服务。

同样的道理，在水果歉收的年份，供应量大大下降，需求量又没有多少变化的话，就会出现供不应求的情况，到时候消费者又会争相购买水果，商家就会借机对水果进行提价。消费者为了满足自身的需求，也不得不接受较高的价格，此时在市场上会形成以商家为主导的卖方市场，而这也与物以稀为贵的道理有所类似。

当然，商品价格是不会无限上涨，也不会无限下跌的，因为价格还要受到商品本身价值的影响，即使经常出现上涨、下跌的波动，但价格总是会以商品价值为基础，不会偏离价值太远，这也是经济学中的价值规律传达给我们的真谛。这就好比有一只看不见的手，一直在市场经济中根据供给与需求的关系，通过价格自然变动使资源实现最优化的配置。而我们作为消费者，就要注意关注市场供求变化，然后利用供求法则，找到商品价格处于最低位置的购买点，为自己赢得更多的实惠。

“黄牛党”为什么屡禁不绝
——市场失灵

提到“黄牛党”，很多人都会马上想到一个词——票贩子。有的时候，大家急需购买火车票、门票或是到大医院挂号看病，可是在售票点排了很长时间的队后却常常被告知无票可买。“黄牛党”通过各种不法手段早就将票证一抢而空，然后随意抬高价格出售。很多人因为急需购票，也只好无可奈何地从“黄牛党”手中购票，让其趁机赚取了大量的非法利润。

虽然国家一直在大力打击“黄牛党”，可是“黄牛党”却屡禁不绝，根本原因还是在于供给和需求的不平衡。一方面车票、门票等票证的市场供给不足，另一方面消费者的需求又极为旺盛，而“黄牛党”注意到了这种不均衡情况，就采取各种办法垄断有限的资源，形成一个完全的卖方市场，然后随心所欲地抬高价格，使得原本秩序井然的市场变得越发混乱，正常的调控也无法发挥作用，不能实现资源的最优配置，经济学家把这种情况称为市场失灵。

在市场失灵的情况下，“黄牛党”自己可以获得更大的利润，消费者却成了“待宰的羔羊”，他们为了满足自己的需求，不得不牺牲更多的成本，出让更多的利益。更糟糕的是，他们中的有些人还慢慢地对"黄牛党"的行为产生了认同感，觉得自己不用排队购票，节省了不少时间成本，殊不知自己的行为却是让"黄牛党"禁而不绝的主要原因之一。

　　肖玫是一名年轻的都市白领，她平时热爱音乐和舞蹈艺术，对于各种大型演出都颇感兴趣，只要一听说有自己喜爱的艺术家的表演，不管多忙，她都要挤出时间去欣赏。

　　有一次，肖玫得知自己崇拜的一位钢琴家准备在当地举办一场大型演奏会，这个消息让她喜出望外。为了获得首场演奏会的门票，她早早地就来到了售票点排队，没想到冒着寒风排了 3 个小时，最后主办方却贴出了通知，说本场演奏会的门票已经全部售罄。

　　没买到票，肖玫失望极了，垂头丧气地往家走去。这时，从路边的角落里走过来一个模样憨厚的中年男子，小声地问她："你要票吗？演奏会的门票我这儿有。"肖玫惊讶地看到男子手中捏着一沓门票，她接过一看，发现确实是真票无疑。

　　肖玫知道自己是遇到了"黄牛党"，但眼下想要买票也顾不得那么多了。两人一番讨价还价后，肖玫以高出原票价 150 元的价格买下了一张门票。

　　如愿以偿地欣赏完演奏会后，肖玫心想：以后与其自己排队买票，还不如找"黄牛党"买票更方便。从那以后，她就习惯了在演出开始前再去找"黄牛党"买票，虽然多花了不少钱，但她却认为这很值得。

像肖玫这样不但不反感"黄牛党"的行为，反而还会主动找"黄牛党"购票的消费者在现实生活中也确实存在着，他们总觉得"黄牛党"为自己节省了时间，带来了方便，却忽视了自己本来并不应该为廉价的票证付出这么多的成本。正是因为市场监管不力，再加上这类消费者无心的"推波助澜"，才会让市场失灵的问题越来越严重，"黄牛党"越发嚣张，更多的消费者合理合法的权益也在不断遭受损害。

杜绝"黄牛党"离不开每一位消费者的努力，我们不应当单纯为了图方便就助长这类歪风邪气肆意滋长。在日常生活中，如果需要购买一些紧俏的商品或票证的时候，我们应当注意做好以下几点：

❖ 坚持从正规的平台购买

打击"黄牛党"要从自身做起，最重要的就是要坚持从正规的网上或线下的代售点、售票窗口等处购买票证。如果是要购买一些新款手机、电脑之类的贵重物品，就更应当到官方指定的门店购买，切勿从"黄牛党"手中买票、拿货。如果每一个消费者都能够坚持做到这一点，那么"黄牛党"就会发现可以倒买倒卖的市场已经不再存在了，他们自然而然地慢慢消失了。

❖ 注意把握时间，尽量提前购买

在购买火车票、门票等票证时，我们还可以尽量提前数日订票，一方面能够保证自己可以准时拿到票证；另一方面也能让"黄牛党"找不到可乘之机。当然，这需要我们多关注车票、门票等的最早订票时间，掌握越多的信息，就可以越从容地安排订票，也可以避免因为"信息不对称"而不得不接受"黄牛党"的高价票。

❖ 不贪图便宜或方便

"黄牛党"倒卖票证的根本目的是追求自身利益的最大化，所以他们不但会通过低买高卖赚取差价，还有可能制假贩假，以求谋取更多暴利。为了欺骗消费者，他们常常还会宣称自己出售的是"打折票""低价票"，消费者如果警惕性较差，购票的心情又很急切，再加上贪小便宜、图个方便的心理作祟，就很容易上当受骗，会让自己的利益进一步受到侵害。

这也是我们提倡从正规渠道购票的原因之一，因为只有这样，消费者的合法权益才能得到保障，如果需要临时更改出行、观看计划的时候，也可以得到退款服务，能够避免很多不必要的麻烦。

总之，我们应当认识到，"黄牛党"实施的是一种不公平的交易手段，必然会影响到整个市场，形成严重的市场失灵。作为市场运转中不可或缺的一分子，我们有必要自觉抵制不公平的交易行为，促进市场秩序恢复正常，这样才能让自己的切身利益得到更好的保障。

消费者为何心甘情愿受骗
——欺骗均衡

经济学中有一个基本的概念是市场均衡，说的是在市场上，充分理性的消费者和商家总是会让价格和供需关系达到一个平衡的状态。此时消费者愿意付出的价格、购买的数量与商家愿意接受的价格、出售的数量趋于一致，双方对于这种结果也比较满意。

可是，当经济学家进行了大量的深入研究后，发现消费者并不会总是做出对自己有利的选择，由于消费者都是一些"有限理性人"，必然会存在一些可以被人利用的弱点，这样就会形成一种变异的需求，而不法商家就会针对这些"需求"，"供应"相应的欺骗手法，以此获取暴利，而且往往能够获得成功。这种情况就被经济学家称为欺骗均衡。

在现实生活中，欺骗均衡的案例并不少见，以下这个发生在健身俱乐部里的故事就是其中之一。

王云是一个年轻的健身爱好者。一天，她在下班回家的路上，经过一条热闹的街道时，发现这里新开了一家健身俱乐部。王云感到非常惊喜，因为她一直都想找一个专业的场所锻炼身体，可是她所在的城市却还没有这类机构。

看到了这家看上去很高档的俱乐部，王云迫不及待地走了进去。接待她的前台小姐听说她想加入俱乐部，对她这种积极锻炼的态度连连称赞，把王云夸得飘飘然的。接着，前台小姐拿出了一张表格，对王云说："我们现在提供3种付费方式，您可以办理会员卡，然后根据您的需要选择按次付费、按月自动划卡付费或者支付固定的年费。"

王云在心中快速地思考了一下，觉得还是按月或者年费肯定更划算，于是果断地选择办了张年卡。虽然为此花了一大笔钱，但王云认为自己以后天天都要来锻炼，费用分摊到每次的锻炼中，还是很划算的。

遗憾的是，王云没有想到自己在锻炼方面并没有那么大的决心，而且平时工作又忙，下了班以后又累又困，只想早点回家睡觉，根本没有精力去参加锻炼。结果她每星期锻炼的次数逐渐减少，从 4 次减为 2 次，从 2 次减为 1 次，后来更是好几个星期才会想起来去一次。

几个月后的一个周末，王云决定去俱乐部跑跑步，谁知刚到门口就看见很多人聚在哪里吵吵嚷嚷。王云赶紧走了过去，这才知道这家俱乐部已经人去楼空，很多像王云这样办了年卡、月卡的会员维权无门，只能在这里苦苦等待。这个结果让王云傻了眼，她十分后悔自己当初仓促的决定……

在这个故事中，消费者王云很自然地高估了自己锻炼的次数，从"划算"的角度选择了实际上最不符合自身利益的方案，结果让自己遭受了损失。商家对于消费者的这种思维定式显然是心知肚明的，但他们不可能去提醒消费者，反而会利用这个弱点，用迷惑的手段提供多种选择，让消费者心甘情愿地上当受骗，这就是一个欺骗均衡的典型案例。

正因为这样的消费者总是存在，所以就一定会有商家来提供这样的选择，即使不是案例中的健身俱乐部，也总会有其他人来抓住这个"机会"，通过欺骗来牟利，这种欺骗均衡实际上是市场机制性失败和道德缺失的必然产物。

那么，我们应该如何避免成为欺骗均衡的牺牲品呢？

❖ 认识并克服人性的弱点

诺贝尔经济学奖得主乔治·阿克洛夫和罗伯特·席勒认为，人们容易被欺骗，是因为自身存在着一些弱点。比如很多人喜欢随大溜，喜欢追逐蝇头小利，而商家就会迎合这种"需求"提供相应的积分卡、会员卡之类的服务，实际上为了换取积分礼物和会员优惠之类的福利，消费者需要花费更多的钱。

还有的人有厌恶损失心理，对所损失物品的价值估计要远远高出得到的相同东西的价值。于是商家也会根据这种需求进行饥饿营销，即故意只投放少量商品，制造供不应求的假象，让消费者感觉"这件东西我再不出手购买就会被别人买走"，然后消费者就会匆忙做出决定，哪怕价格再贵也不在乎，可实际上会让自己损失更多利益。由此可见，想要避免陷入欺骗均衡，就要克服自身的这些弱点，才不会给商家以可乘之机。

❖ **识破商家的"钓愚"行为**

除了克服自身弱点外，我们还要擦亮双眼，认清楚一些商家的"钓愚"行为。在市场均衡的大环境中，作为理性人的消费者想要购买什么，想要花多少钱，都是可以自己做决定的。而在欺骗均衡中，商家却千方百计想要说服消费者购买对他们根本不利的东西，所以想要识破"钓愚"，最根本的办法就是分析商家推荐的东西是否是自己真正需要的，它能够对我们产生多少效用，其价格是否与其效用相匹配。

比如某些购物平台推出购物节，宣称很多产品五折出售，这就是典型的"钓愚"行为，它针对的是有的消费者喜欢占便宜，想用低价购买商品的心理弱点。事实上，很多商家会先把商品的价格提高很多，然后再打折促销，结果打折后价格有时可能比原来的价格还高。还有些商家会在低价商品中掺杂质量低劣的商品，并且还注明活动期间的商品概不退换，最终被"钓愚"的消费者不计其数。

为了避免落入这类圈套，我们就应当提醒自己：商家真的会做赔本买卖吗？他们真的是为消费者着想吗？通过这样的问题，我们才能看破商家的动机，并能够为自己减少不必要的损失。

第七章

好生意不靠碰撞靠技巧

——助你决胜商海的经营经济学

了解了需求，就成功了一半

——阿尔巴德定理

对于从事经营活动的人来说，阿尔巴德定理是必须了解的。这条定理说的是：经营成功与否，全看你对消费者的需求有多少了解。如果能够准确地看到需求，你就成功了一半。要是能够满足这些需求，你就成功了全部。

那么，消费者的需求到底是怎样的呢？美国著名的心理学家马斯洛将人类的需求由低到高划分为生理需求、安全需求、社交需求、自尊需求、自我实现需求这五个层次，并指出在较低层次的需求得到满足后，人们便会追求更高层次需求的满足。同样，消费者的需求也可以相应地划分为若干层次，其中对于产品和服务方面的需求属于低层次的需求，也是比较明确的需求，而对于体验方面的要求属于更高层次的需求。另外，消费者还渴望在此基础上扩大社交关系网，并利用商家提供的产品和服务取得商业成功，这类关系方面的需求和成功方面的需求是潜在的需求，更值得我们去深度探究。如果能够帮助消费者达成这些需求，就能够真正赢得消费者衷心的拥护，我们也能够借此获得更多的经济利益。

一家公司为了招聘优秀的经营人才，在面试时进行了一个独特的考试：给每位候选人发了20元钱，让他们想办法在2个小时内赚到尽可能多的钱。这个测试看似简单，但具体实行的话就会发现依靠常规思路只能赚取微不足道的利润，比如有位候选人甲用20元批发了几件小饰品，在路边摆摊售卖，2个小时利润只有十几元钱，这样的结果自然不会让考官感到满意。

还有一位候选人乙想到了"免费"的思路，他在公司楼下人流密集的地方摆起了小摊，可以免费帮助过往的行人测量自行车轮胎的气压，如果压力不足，还可以提供价格1元的充气服务。因为这项服务以免费为"噱头"，切中消费者需求，而且就近充气对于消费者们来说也很方便快捷，因此大受欢迎。不久，乙又改变了策略，宣布提供免费的充气服务，但是接受消费者在充气后的自由捐款。由于很多消费者对免费服务抱有很大的好感，因此也愿意捐出1元以上的款项，所以乙虽然提供了免费服务，但收入反而大幅上升了。

候选人丙的做法更加巧妙，因为他毕业于当地一所有名的大学，和学校很多教授、讲师也很熟悉。所以他直接对考官说，自己可以帮助公司与学校联系，让公司能够在学校打招聘广告，从而可以网罗到更多的人才。不但如此，他还可以给公司和几位知名的教授"牵线搭桥"，让公司可以以较低的成本获得顾问服务。当然丙提供的这些"帮助"都是需要付费的，丙提出每项业务先收取定金1000元，成功后另外收取3000元。

丙的点子让考官十分惊喜，当场拍板录用了丙，并安排他到公关部门任职。

从这个案例中可以发现，越是能够深入挖掘到消费者潜在性、高层次的需求，就越是能够赚取到更多利润，并借以实现自身的成功，而这就是阿尔巴德定理想要传达给我们的经营真理。就像候选人乙发现了顾客在免费服务方面存在的需求，而候选人丙则更进一步，将该公司当成了自己的"客户"，捕获到了一种更高层次的需求——关系需求和成功需求，因此能够创造出商业奇迹。

这个案例也提醒了我们必须时刻牢记阿尔巴德定理，在开展经营活动前一定要做好调研消费者需求的功课，只有知道消费者明确的、潜在的各种需求，才能投其所好，赢得他们的满意和信赖。

至于了解消费者需求的方法则有很多，以下这几种是比较常用的方式。

❖ 通过提问了解消费者需求

提问是了解消费者需求的一个好办法，通过直接向消费者询问，可以了解到很多我们不清楚的情况，从而有针对性地改进产品和服务。如果想要对大量消费者进行访问，还可以通过问卷调查、小组访谈等方法来收集意见，这样可以在短时间内收集到很多消费者的需求反馈信息。

❖ **在倾听中了解消费者需求**

有的时候，消费者会向商家提出一些不满意见，这时可千万不能随意敷衍，因为这些意见能够反映消费者真正的需求，让商家发现自己在哪些方面还没有做到位。所以商家必须集中精力，认真倾听消费者的话语，如果有不清楚的地方还需要再和消费者进行沟通，以便弄清楚他们真正的需要是什么，这样才能向他们提供更加满意的产品和服务。

如何让消费者更开心
——消费者剩余

让消费者乐于花钱购买产品和服务，是每一位经营者最大的愿望。那么，如何才能做到这一点呢？经济学家提醒我们应注意消费者剩余这个概念，它指的是消费者对于某种商品愿意支付的心理价格和商品实际价格之间的差异。

打个比方，如果消费者想要购买一件外套，在精挑细选后他看中了一款，心想只要外套的价格不超过 500 元就可以购买，这时 500 元就是消费者愿意支付的心理价格。如果这款外套的实际价格只有 400 元，那么消费者剩余就是 500-400=100 元。此时消费者就会愿意购买这款外套，因为他感觉自己获得了 100 元的额外收益，可实际上，消费者并没有获得实际的经济收益，这正是消费者剩余的狡猾之处。相反，如果外套的实际价格高于或等于消费者的心理价格，消费者剩余为零或者为负值，消费者无法获得满足感，可能就会放弃购买的意愿。

由此可见，想要让消费者开开心心地购物，我们可以从消费者剩余入手，在成交时使价格比消费者的心理预期略低一些，这样消费者就能够获得心理上的满足感。

一家精品鞋店的老板正在收拾货架，一位年轻女士走了进来。老板赶紧放下手头的事务，热情地接待了女士，并向她推荐了几款样式时尚的新款皮鞋。

女士经过一番挑选后，看中了一双标价为308元的皮鞋，可又觉得价格稍微有些贵，她的心理价格是250元。于是女士对老板说："你这鞋卖得太贵了，给我便宜些，160元吧。"老板一听，露出了一副惊讶的表情："小姐，你也太能砍价了，这个价钱我可给不了。"

女士想了想，口气松动了一些："那我加20元，总该可以了吧。"

老板用力摇摇头，说："你总得让我赚点吧，生意难做啊。这样吧，280元卖给你！"

女士拿着那双鞋，看来看去，想要走，又还是有些舍不得，老板在一旁悄悄地观察着她的表情，大概估计到了她的心理价位。

女士最终下定了决心，对老板说："我也不想磨蹭了，这样吧，给你个整数，200元，卖不卖，不卖就算了！"

老板犹豫起来，脸上的表情显得有些痛苦，最后，他像下了狠心一样，对女士说："好吧好吧，就200元。说实在的，我可一分钱都没挣你的。"女士听了老板的话，不由地笑了起来，高高兴兴地拿着新鞋子走了。

等女士走远了，老板立刻换了一副表情，他也笑了起来，在心里悄悄说道："这双鞋的进货价只有120元，这单生意我赚了80元，真不错！"

在这个故事中，老板先是制订了较高的价格，给消费者留足了讨价还价的空间，为消费者剩余的产生提供了基础。之后他又准确地估计到了消费者的心理价位，让消费者能够以一个略低于心理价位的价格买下鞋子，这样不光老板自己赚到了不少钱，消费者也获得了一种心理满足感。

从这个故事中我们也可以总结出经营者制造消费者剩余的两个要点。

❖ 适当提高商品价格

消费者剩余的原理提醒了经营者在出售商品时适当地提高价格，因为这样才能给消费者留下足够的讲价空间，可以让消费者通过消费者剩余心甘情愿地付款购物。在现实生活中，很多经营者也都会采用这样的办法。他们在给自己的商品定价时会有意地定在一个较高的水平，然后贴出"让利促销"的标语，用"八折促销""五折甩卖"之类的词语吸引消费者的眼球，让消费者从虚构的折扣中获得了可观的消费者剩余，从而能够获得一种强烈的心理愉悦感。

❖ **适当接受消费者的还价**

消费者在购买商品时，很自然地都会进行讨价还价的尝试，很少会接受标定的"一口价"，这其实也是在追求消费者剩余。经营者配合消费者的行为，可以接受他们的适度还价，让他们有一种获得了额外收益的感觉。

在与消费者的交锋中，经营者如果分文不让，消费者很有可能会放弃购买商品，有时他们即使购买了商品，也会因为没有获得合适的消费者剩余而闷闷不乐，以后他们可能就再也不会光顾店铺了，这无形中也会给商家造成不少损失。

当然，在消费者还价的时候，商家如果过于干脆地答应他们的要求，也有可能弄巧成拙。我们可以像本节案例中的这位老板一样，先尝试估测一下消费者心中的价格底线，再适当对其进行让步，同时还要表现得十分为难，这样消费者会觉得让步是真实的，而他们也才会从消费者剩余中获得更多的满足感。

博取关注也能变现
——注意力经济

所谓注意力，指的是人的心理活动能够指向和集中于某一事物的能力。在当前这个知识空前丰富的时代，想要集中人们的注意力已经越来越难了。所以一位经济学家将注意力称为"唯一稀缺的资源"，说"它只要流向哪里，金钱就会跟到哪里"。

正是因为注意力变得如此可贵，所以催生了一种全新的商业模式——

注意力经济，顾名思义，就是要最大限度地吸引消费者的注意力，逐渐培养起潜在的消费群体，从而可以为商家谋取最大的未来经济效益。

　　菲菲大学毕业后，一直想要独立创业，但由于自己一无资金，二无人脉，所以不知该从何做起。后来菲菲在网上看到很多年轻人都在做"注意力"的生意，通过自媒体博取他人的关注，进而实现商业目的。菲菲觉得很受启发，便也开通了自己的微信公众号。

　　对于要发布的内容，菲菲花费了不少心思，为了在众多的公众号中做出新意，吸引用户的关注，菲菲将自己的公众号定位为"少女心贩卖馆"，无论是发表的文字内容还是图片内容，都尽力要表现一种可爱的、有趣的少女情绪。由于菲菲的公众号内容新颖、别致、优雅，一时间吸引了不少关注。菲菲为了让用户对自己的"注意力"能够持久，还养成了每天定时发布内容的习惯，好让用户一到时间就来阅读自己发布的内容。

　　2016 年的一天，菲菲观看了一本最新的日本少女漫画，她感觉这个故事很符合自己的公众号定位，于是赶紧写了一篇相关文章，配上精美的图片，表达了自己对生活的美好向往。让菲菲震惊的是，这篇文章竟然瞬间爆红，阅读量超过了 300 万，菲菲的公众号也一下子变成了"爆款"。很多女性化妆品、服饰企业看到了菲菲的能力，纷纷与她联系，希望能够在她的公众号上发布广告，菲菲也从中精挑细选，与最适合自己用户定位的品牌建立了合作关系。目前，菲菲通过发布广告，每月就能获得万元以上的收入。

　　菲菲从注意力经济中发现了创造财富的机会，并通过自己的努力充分吸引了用户关注，进而实现了商业变现的目的，为自己赢得了可观的经济收益。这个案例也再次向我们证明了注意力的商业价值，如果我们能够像菲菲这样对他人的注意力善加利用的话，想必也能实现个人的创富和成功。

　　不过，由于用户每天都要接触数量庞大、种类繁多的信息，想要让自己发布的信息能够吸引他们的关注也是一件十分不容易的事情。为此，我们需要注意做好以下几件事：

❖ 准确的定位自己的用户

我们必须明确一点：因为人与人之间的兴趣、喜好各不相同，所以我们不可能吸引所有人的关注，只能想办法吸引某个特定群体的注意力。为此，我们必须准确地定位出这个最适合自己去营销的群体，而这可以从自身的优势入手。比如我们很擅长某个领域的知识，能够达到精通的水平，那就可以定位这个领域的用户作为自己的目标用户，这样想要吸引他们的注意力也会相应地简单一些。

❖ 发现用户的痛点

在定位用户之后，我们要想办法了解他们最为关注、最渴望解决的问题，然后从这些问题出发，思考自己应当从哪些方向去炮制信息，从而可以更好地吸引用户的注意力。比如目标用户是 30~50 岁事业稳定、有一定经济基础的成熟男性，那么就可以分析这类群体最为关心的问题如成功学、理财、投资、养生等，进而可以从中挖掘出最可能被注意力"引爆"的东西，将其作为自己营销的重点。

❖ 打造相应的内容或产品

在找到用户的痛点后，就要针对这些痛点打造精准解决问题的内容或产品。为了更好地吸引用户的注意力，无论是内容还是产品信息都要做到独一无二，不能千篇一律或是盲目模仿他人，那样是不可能获得用户的青睐的。想要赢得用户的关注，要体现出新奇、有趣、有用的特点，要能为用户创造惊喜，并能够拉近与用户在心理上、利益上的距离，才更容易赢得用户的信任。另外，我们还要经常对自己发布信息的效果进行测试，做到持续迭代，不断优化，这样才能在众多的同行之中脱颖而出，更好地吸引用户的注意力。

❖ 广泛传播，吸引更多受众

注意力经济的实现离不开广泛的传播，要想办法覆盖到尽可能多的受众，才能逐渐形成人气。离开了有效传播，再好的内容和产品也会淹没在信息的海洋中。

为此，我们可以借助各种互联网渠道去打造影响力，比如在微信公众号、微博、QQ空间、喜马拉雅平台等发布的信息都会有很高的曝光率，我们可以免费分享一些优质、有价值的文章、图片、音视频等，可以吸引更多用户阅读，也会让我们的影响力逐步扩大。

需要提醒的是，由于用户可以接触五花八门的信息，所以他们一时的热情是很容易退却的，为了保持持久关注，我们还需要紧紧地抓住这些用户的注意力，将他们从普通的用户变成黏性较高的粉丝。这方面可以采取的办法也是很多的，比如可以积极地与用户互动使关系更加紧密，可以不时地举办抽奖活动等，当然最重要的还是要向用户提供有价值、吸引人的内容，这样就能够吸引用户长时间的注意力，并有可能促进他们分享信息，帮助我们进行宣传，使我们要发布的信息可以覆盖到更多的潜在用户，并有可能依靠注意力来实现变现的目的。

冷门有时比热门更有前景
——长尾效应

每一个打算鏖战商海的人，最初都会为自己该选择什么行业起步而感到困惑，一些热门的行业，看上去利润高、市场大、门槛又低，仿佛充满了诱惑力，可真要在这一行发展，就会遇到竞争激烈、需求饱和之类的问题。但要是选择冷门行业，又担心会有很多风险。

其实，想要解决这样的难题，不妨参考经济学家提出的一条长尾效应。它说的是从人们的需求角度来看，大多数需求会集中在需求曲线的头部，而尾部的需求则是个性化、零散和少量的，这样就会在需求曲线上形成一条长长的尾巴。这些长尾需求形成的市场虽然不够热门，可要是累加起来就会成为一个比热门需求还要庞大的市场。

从长尾效应出发，我们会发现，有时候看似冷门的生意可能要比热门生意更有前景，关键就在于我们能不能抓住那些个性化的长尾需求，并能够找到满足这些需求的好办法。

年轻人小丁打算自主创业，由于手中的资金不多，想要进入一些热门的项目对他来说不太实际。最开始，他为自己应该做哪方面的生意伤透了脑筋。一天，小丁听一个开影楼的朋友说拍摄用的主灯坏了，在市场上找不到合适的产品代替，还得委托别人帮忙从外地购买。小丁顿时觉得眼前一亮，对朋友说："我打算做灯具生意了，以后灯坏了就找我。"朋友有些诧异地说："大街上的灯具店那么多，你靠什么赚钱啊？"小丁却神秘地笑了笑，没有回答。

没过多久，小丁的灯具店就开张了。为了节约房租，小丁把店址选在一条偏僻的小巷里，全部投资还不到 2 万元。一个月后，朋友带着好奇心来看了看，发现小丁的灯具店和普通的店铺不一样，卖的都是一些"稀奇古怪"的专业灯具、特殊光源，每种产品只有 3~5 个，但是品种非常齐全。有专门供给摄影师用的灯具，还有医学专用的局部照明灯、诊察专用灯，甚至连户外用的防潮灯、防爆灯具、太阳能灯具也应有尽有。朋友惊讶地说："这些奇奇怪怪的灯，能有人买吗？"小丁却笑着回答："当然有人买了，我这个月的净利润已经超过 1 万元了。"朋友惊呆了，不由地对小丁竖起了大拇指，佩服他独特的生意眼光。

小丁经营冷门灯具为什么能够迅速盈利呢？就是因为"长尾效应"在发挥作用。类似摄影用灯、医疗用灯、户外用灯等冷门灯具在很多人看来没有什么需求，不适合长期经营，因此经营者很少。可事实上，专业灯具消耗率是很高的，很多医院、企业、科研部门也有大量的需求，这些长尾需求相加的话就会形成庞大的市场，小丁恰恰抓住了用户的这种需求，利用长尾效应为自己赢得了可观的收益。

小丁经商的案例也提醒了我们，要学会更新思维，想办法从那些别人认为不能盈利或者难以盈利的"长尾"中找到新的盈利点。当然，即使找到了有价值的长尾需求，也不能够掉以轻心，一定要做好以下几点，才能实现长久获利的目标。

❖ 尽量丰富品种、降低成本

长尾需求的特点是多样化、个性化、少量化，为了满足这样的需求，我们在选择经营的商品品种时就要注意满足"少、全、精"的要求，这样可以对应更多的长尾需求，而且有的消费者喜欢"一站式"买齐的需要也能得到满足。另外，少量多品种的商品也有助于降低备货的成本，能够满足利润最大化的要求。

❖ 注意加强宣传推广

长尾需求也是比较冷门的需求，虽然一些消费者急需这类商品，但要是信息做不到对接，消费者不知道该从哪里买到商品，长尾效应也难以得到发挥。所以我们还应当注意加强宣传的力度，要多多开拓传播的渠道。在这方面，互联网可以为我们提供很多方便，比如我们打算经营冷门性质的专业商品，就可以到一些专业的论坛去发布宣传信息，这样就能够让有需求的消费者及时地发现我们，我们也才能够获得更多的收益。

❖ 用促销政策留住老消费者、吸引新消费者

虽然冷门生意的竞争者较少，但我们仍然需要注意维护自己的客户群体。因为我们经营的冷门生意大幅获利后，很容易引来他人的模仿，届时冷门生意也会变成热门，而我们只有依赖稳定的客户群才能避免被竞争对手蚕食利润。为此，我们可以采用适当的促销政策，比如提供免费的试用品以吸引新消费者，并对老消费者提供"下次购物时的折扣或返现"等，以激发他们后续购买的热情。

总之，长尾效应为我们提供了更加广泛的经营思路，可以让我们在特定的消费市场走一条新路来避免恶性竞争，而我们也要积极地抓住"长尾"带来的机会，为自己带来可观的经济收益。

抓住女性消费升级的红利
——她经济

随着现代女性经济地位和社会地位的普遍提高，她们在消费、理财方面表现出的潜能也越来越不可小觑，推动经济发展的效果十分明显。经济学家也早已注意到了这个现象，并将它命名为"她经济"。

对于从事经营活动的人来说，"她经济"的崛起无疑为商家带来了更多的机遇。想要抓住这些机遇，就需要针对女性的视角和需求开展各项经营活动，这样才能迎合女性的心思，提升女性消费者的体验，进而赢得更多收益。

形形是一个20多岁的女孩，她开了一家化妆品专卖店，出售一些日本、韩国进口的产品，生意不好不坏。一天，一位客人在购买化妆品的时候，问形形能不能帮忙给自己化下妆。形形倒是懂一些化妆的技巧，不过从未给别人化过妆。她硬着头皮给客人化了个淡妆，没想到客人十分满意，还说以后有需要就来找形形。

从这以后，形形索性开始提供化妆服务，每次收费20元，让她惊喜的是每天来化妆的客人络绎不绝，给她带来了丰厚的收入。形形意识到，不会化妆的女性还是很多的，这门生意可以说是潜力无限的。

于是形形决定专门做化妆的生意，为了提升化妆的技术，她特意关了店，到美容学校学习了几个月，之后又到一家影楼去应聘，成了跟妆化妆师的助手。在这个过程中，形形又发现新娘们对于婚礼跟妆、摄影跟妆的需求非常旺盛，于是她开始有意地专门学习新娘妆容，并于2013年开办了自己的新娘化妆工作室。最初做一天新娘跟妆，形形向客人收费1500元左右，这个价格听上去有些昂贵，可是生意异常火爆。形形一个人根本就忙不过来，不得不又招聘了几名助手。

经过几年发展，形形的工作室已经扩展到了20多人的团队，每天服务收费也上升到了3000元。形形自己也早已积累了一笔丰厚的财富，她经常对别人感慨地说:"幸好我搭上了'她经济'这班车,才会有今天这样的成就。"

彤彤敏感地发现了"她经济"中的机遇,并准确地发现了女性市场上的细分需求,向消费者提供更加个性化的化妆服务,迎合了女性的需要,自然能够获得事业的成功。而这也提醒了我们:在女性消费需求蓬勃发展的同时,一定要关注那些旺盛的消费趋势,并要及时做出反应,如此才能抢占女性市场,获得可观的收益。

那么,"她经济"中有哪些消费趋势最值得我们关注呢?

❖ **情感化消费趋势**

女性天生情感丰富、细腻,在购买和使用产品、服务的时候,很多情况下不仅是为了获得该产品具有的功能,更是在追求一种情感上的满足。所以她们会对产品外观的美感、名称的寓意、色彩带来的联想等情感因素十分重视,往往会在这些情感因素的吸引下产生购买的动机。如果我们能够注意把握她们的这种情感需要,就能够深深地打动她们,促进她们产生消费欲望。

❖ **个性化消费趋势**

随着时代的发展,女性的自我意识越来越强烈,喜欢追求那些能够表现自己个性化形象、提升自己与众不同气质的产品或服务。特别是新一代年轻女性,对于个性化消费的需求更是格外地强烈,她们不喜欢大众化、普通化的产品和服务,更喜欢新颖、个性、时尚的商品。比如一些品牌服装之所以会受到很多女性的追捧,并不仅仅是因为它们质量过硬、款式独特,更是因为这类服装每种款式只提供有限的数量,恰好迎合了一些女性消费者追求个性化的心理。

❖ **休闲化消费趋势**

随着经济实力的提升,很多女性越来越重视自己的生活质量,希望从轻松愉悦的休闲、娱乐活动中获得更多的乐趣。因此很多休闲娱乐活动如健身、旅游、餐饮、影视等都受到了女性的追捧,特别是 25~40 岁的有一定经济实力的女性更是这类消费项目的主力消费者。这也提醒了我们想要抓住女性消费者的"钱袋子"，不妨从休闲娱乐项目着手，提供相应的产品和服务，就能够挖掘出无限的商机。

除了上述几种趋势外，我们也不能忘记女性永恒不变的"美丽消费需求"，爱美是女人的天性，女性特别是年轻女性对美丽的渴望十分强烈，所以我们依然能够从美容、服装、饰品等"扮美"行业中寻找到大量的机会。

总之，在新时代背景下，女性消费者的消费能力、购物需求、服务体验都在升级变化，面对激烈的市场竞争，我们更需要思考如何俘获女性消费者的"芳心"。打好"她经济"这张牌。

任何一个消费者都不可怠慢
——250 定律

在经济社会中，无论你想要经营规模较大的公司，还是想进行一次性的销售，都不可避免地要和形形色色的消费者打交道。也许你会认为单个的消费者无足轻重，可事实上，每一位消费者都有个人的关系网络，通过他个人的口碑宣传，可能会影响到几十、几百甚至更多的消费者。所以对于每一位消费者我们都应当拿出百倍的热忱来认真服务，千万不能抱着随意的态度得罪消费者。

这个道理来自营销经济学中的一条重要定律——250 定律。这条定律的提出者是美国著名的推销员乔·吉拉德，在长年营销实践中，吉拉德认为在每位消费者能够对大约 250 个消费者发生影响，其中包括他的亲人、同事、邻居、朋友等。假如一个消费者对我们产生了好感，那就意味着赢得了 250 人的好感；相反，若是触怒了一位消费者，那么就有 250 人将对我们产生不好的印象。

所以乔·吉拉德告诫我们：无论在任何情况下，都不能得罪那消费者。不过在现实中，我们往往会忽略这条定律的重要性，对消费者没有给予应有的重视，酿成一些恶劣的结果。

小周是一名年轻的创业者，2015年，他和几个朋友合伙开办了一家咖啡馆。为了让咖啡馆做出名气，赢得消费者的欢迎，小周在装修、原料、咖啡调制、食品搭配方面很是下了一番功夫。咖啡豆是货比三家购买的优质产品，煮咖啡的机器也是专业设备，店内装修也很有品位，小周的服务又很热情，所以一开张就吸引了不少消费者。

眼看着生意一天比一天有了起色，小周渐渐地有了些骄傲自满的情绪。他对待消费者没有以前那么贴心了，消费者问他一些与咖啡有关的问题，他高兴的时候会认真回答，不高兴的时候就敷衍了事。小周并不怕消费者会不高兴，他总是这么想：反正有这么多人光顾，多一个少一个也无所谓。

有一天，来了一位比较挑剔的消费者，在小周调制咖啡的时候提了不少意见，还要求小周按她的要求，给她调制一种特别的口味。小周一听就不耐烦了，冷冷地说："我们只卖专业咖啡，你想自己发明饮料，请去别家。"消费者被小周气得哑口无言，不过她什么话也没说，转身就走了。

没过几天，小周忽然发现咖啡馆的消费者一下子少了好多，他感到十分奇怪，一时也不知道问题出在哪里。后来还是一个朋友打电话告诉了他原因，原来那天小周得罪的消费者是一个知名的网红博主，粉丝有几百万人。那位消费者把小周和他的咖啡馆写进了自己的微博，说这家店铺不但咖啡口感不佳，店主服务态度还非常恶劣。就这样，一传十，十传百，小周咖啡馆的口碑算是跌到了谷底。而小周弄明白事情的始末后，心中的后悔真是难以形容……

这个案例就体现出了250定律的重要性，小周以为自己得罪的只是一个普通的消费者，却没有想到每个消费者都有自己的影响力，其身后还有更多的潜在消费者，所以一旦形成了负面口碑，就会像将石子扔进湖中形成的涟漪一样，影响范围会一圈一圈扩展，直到覆盖很大的范围，到时造成的损失也会难以估量。

由此可见，无论是从事经营还是从事销售，我们都应当将 250 定律牢牢地记在心中，以消费者至上的态度，时刻关心消费者的需求，体谅消费者的难处，为消费者解答疑问，并送上满意的服务和产品。哪怕遇到消费者的刁难，也不能因为自己情绪不佳或是对对方有偏见而随意怠慢，要知道，只要怠慢了一个消费者，就等于赶走了 250 个，甚至更多的潜在消费者，从经济学的角度来看，这是得不偿失的做法。

第八章

在信息中甄别机遇和风险

——增加决策筹码的信息经济学

从互联网大量搜集决策信息
——信息对称

所谓信息对称，指的是在相互对应的经济人关系中，双方都掌握着对方所具备的信息，这样才能够实现公平交易，双方的利益也都能够获得较好的保证。

不过在现实生活中，由于双方掌握的信息有限，所以很多时候会出现"信息不对称"的情况。比如我们在某地打车，会发现有的路段一车难求，往往等待 20 分钟或半小时都很难打到一辆车；可是有的路段却有很多空车闲置，司机们白白浪费时间等待着乘客。像这种乘客不知哪里有"供应"、司机不知哪里有"需求"的情况就是信息不对称造成的，它严重影响了资源配置的效率。而我们想要改变这种情况，就要想办法去实现信息对称，它可以为我们赢得更多的机遇，带来更多的收益。

在这方面，互联网可以产生很多积极的作用。在互联网上，信息实现了超高速度的传递，而且信息量增长迅速，甚至达到了信息爆炸的程度。我们通过互联网，可以即时地实现全球信息共享与交互，这无疑能够缓解过去在信息掌握不足的情况下盲目决策的问题。

小孙是从贫困山区走出的大学生，在大学就读了 4 年市场营销专业后，小孙取得了优异的成绩。毕业时有不少企业向小孙伸出了橄榄枝，可是一想到家乡那些贫穷、淳朴的乡亲们，小孙就毅然地放弃了这些机会，带着满腹的知识回到了家乡发展。

小孙回家后用了一个月时间调查了当地的主要农作物、特产等，他发现本地出产的黑米、木耳品质特别好，甚至远远超过他在大超市里见过的那些包装精美的产品。小孙忍不住问乡亲们："你们怎么不把这些产品卖出去呢？城里有很多注重保健养生的人，都特别喜欢吃这种产品。"

小孙的话让乡亲们连连摇头，他们说自己祖祖辈辈都生活在大山里，也不知道将产品卖给谁，偶尔倒是有些进山的客商来收购产品，不过价格开得很低，乡亲们也知道自己吃了亏，但也没有别的法子。听完乡亲们的诉苦后，小孙心想，眼前的情况就是信息不对称造成的啊。

为了帮乡亲们开辟致富路，小孙想办法连接了宽带网络，然后在互联网上查找需求信息，想帮助乡亲们把优质的农产品卖出大山去。

没过多久，小孙就找到了一些农产品批发商，他们看到小孙发来的资料、照片后非常感兴趣，同意以较高的价格批量收购这些优质的农产品。小孙接收了他们发来的报价单，并和自己从网上了解到的市场信息反复对比，最终挑选了一家报价适中、信誉好、结账快的农产品公司，并与其签订了采购合同。

小孙把这个好消息告诉了乡亲后，大家都很高兴。没过多久，在小孙的组织下，乡亲们就将一批农产品卖给了这家公司，并很快收到了货款。乡亲们分到了比过去一年还多的收入，个个高兴得合不拢嘴。

对此小孙却还觉得不满足，他又开始帮助乡亲们安装宽带，然后教大家学着自己使用电脑，去互联网上搜索信息，去开发更多的渠道，为乡亲们赚取更多的收益。

小孙带领乡亲脱贫致富的故事让我们见证了信息对称的神奇之处。在互联网大环境下，我们在求职工作、创业致富、消费理财等各个方面，都应当注意搜集对自己有利的信息，这样才能改变闭目塞听造成的信息不对称的问题，也能够让我们手中拥有的可用于决策的筹码越来越多，这样我们在经济活动中就可以掌握更多的话语权，可以利用信息为自己赢得更多的经济回报。

当然，由于互联网上的信息极为庞杂，而且其中还夹杂着很多真假难辨的信息，所以我们不但要学会搜集信息，还要学会分析、甄别和利用信息，这样才能无限接近真正的信息对称，让信息发挥出应有的价值。

为此，我们应当注意做好以下几个方面。

❖ 开辟信息搜集的渠道

我们能够掌握的信息越充分、越有效，就越能够接近信息对称的目标，因此，我们要多多寻找可能获得信息的渠道，不要让自己错失有助于正确决策的信息。一般我们想要搜索信息，可能会很自然地想到百度、谷歌等搜索引擎，但实际上互联网上的信息来源多如繁星，我们可以根据自己的具体需求去查找更多的领域。

比如我们想要搜集用于金融投资决策的信息，就可以去探访一些商业数据库、专业性很强的经济论坛和社区、著名经济学家的个人主页、证券交易机构的主页和研究报告等，并可以参考政府部门发布的相关经济数据，这些宝贵的信息能够让我们对经济形势产生更加准确的判断，有助于指导我们做出更加精准的决策。

❖ 整理自己搜集到的信息

在搜集到大量信息后，我们还不能马上对其进行利用，因为从互联网上搜集到的信息往往具有杂乱无序、鱼龙混杂、碎片化、分散化的特点，还需要我们对其进行整理和归类工作。所以我们可以根据自己的需求先列好一个个问题，将对应的信息整理到问题之下，从而可以产生出清晰的脉络。此外，为了方便阅读和使用信息，我们还可以通过云盘、微云、云笔记等存储工具将整理好的信息存储并进行标签分类，这样在使用时就会更加方便了。

❖ 对信息进行甄别

对于整理好的信息，我们还要对其进行甄别，这个环节非常重要，能够减少很多误判的可能，对实现信息对称也是很有帮助的。为此，我们可以从信息的来源进行评估，比如来自权威部门的信息就要比"小道消息"的准确率高得多；另外，我们还可以根据自己的阅历和经验，通过逻辑推理对信息进行分析，看看信息是否具有参考性；此外，我们还可以用不同的信息来互相印证，以此来判断信息的真伪。

❖ 利用信息指导决策

在确定自己掌握的信息属实之后，我们就可以对信息进行利用了。在现实中，信息可以帮助我们完成很多决策工作，比如信息可以对我们亟待解决的问题提供答案，像本节案例中的主人公就通过互联网信息解决了"农产品找不到买家"的问题。

当然，信息更重要的价值在于预测和分析未来形势，从而能够为我们的经济决策指明道路。比如我们手头现在有一笔资金，是采取风险小、收益低的银行储蓄理财，还是采取风险大、收益高的股票投资，或是采取流动性较差，但有保值增值作用的房地产投资，最终决策的做出都应当以充分而准确的信息预测为基础，而不应当完全凭借直觉或是盲目听信他人的推荐来进行。

总之，只有在信息对称的情况下，我们才能做出更加准确的决策，所以我们一定要充分发挥互联网的积极作用，让自己能够成为经济人关系中掌握充足信息的那一方。

磁疗床垫"包治百病"的骗局
——信息不对称

在市场经济活动中，完全的信息对称毕竟是很难实现的，参与经济活动的相关各方对于信息的掌握难免存在差异，这种情况就是经济学家所说的信息不对称理论。这条理论指出：经济关系中掌握信息比较充分的一方往往处于比较有利的地位，而信息量比较贫乏的一方，则会处于相对不利的地位。

这种信息不对称的情况在买卖双方之间表现得尤其明显，一些不法商家常常利用消费者对信息了解的不足，采取一些欺骗的手段，使消费者糊里糊涂地上当，并因此蒙受了不少损失。

杨阿姨去菜市场买菜，路上经过了一家新开的店铺，上面挂着的招牌是"老年益生健康中心"。杨阿姨平时对养生保健方面的知识很感兴趣，便走了进去。这时一位穿着白大褂、戴着黑框眼镜，看起来文质彬彬的店员接待了她，给她介绍了不少信息。

　　原来，这家店铺正在宣传和销售一款磁疗床垫。一张床垫售价近两万元，据说能够缓解腰腿痛，还能改善失眠，并有治疗各种慢性病的功效。杨阿姨恰好有睡眠问题，对这款床垫产生了一些兴趣，但是店员给她讲解的那些信息十分深奥，她一句都听不懂。店员为了说服杨阿姨购买，便拿出了更多的资料，上面写着这款磁疗床垫是美国进口的产品，并且还附有很多国外的"医学权威"给出的鉴定意见。杨阿姨平时对医疗知识和医疗动态没有什么了解，就相信了店员告诉她的这些信息，买回了一张磁疗床垫。

　　杨阿姨本以为这张神奇的床垫一定能够治好自己的失眠，谁知连续用了两个星期，她的睡眠状况也没有得到丝毫的改善。失望的杨阿姨又一次来到那家店铺，想要把床垫退掉，谁知店员却说：这款商品不提供三包服务，不能办理退货。杨阿姨十分气愤，与店员据理力争，店员却一反当时热情的态度，对杨阿姨不理不睬。杨阿姨无奈极了，很后悔当时听信了店员的宣传。

　　杨阿姨之所以会陷入麻烦，就是信息不对称在作怪。这个案例从表面上看，是杨阿姨不够精明，才会在一时冲动下花钱当上了"冤大头"。可是从信息经济学的角度来分析，还是因为杨阿姨掌握的专业信息不够充分，只能根据自己接收到的一点点难辨真伪的信息做出选择，因此很容易被不法商家天花乱坠的宣传牵着鼻子走。我们不妨试想一下，如果杨阿姨平时能够多学习一些医疗保健知识，就会知道磁疗床垫"包治百病"肯定是虚假宣传，那么她就会提高警惕，不会轻易地上当受骗了。

　　在现实生活中，类似磁疗床垫这样的信息不对称骗局不胜枚举。比如不法分子打着"家电下乡补贴"的旗号，冒充专业工作人员进行诈骗的案例。骗子的手法非常高超，他们准备了各种各样精心制作的资料，还有一整套成熟的话术，对消费者连番进攻，由不得消费者不信。再加上很多消费者确实知道有"家电下乡"这么一回事，只是了解得不太清楚，现在骗子解说得像模像样，消费者就纷纷信以为真，落入了骗子的陷阱。在这里，骗子之所以能够屡屡得逞，利用的就是自己和消费者之间的信息不对称。

由此可见，想要避免落入这种因为信息不对称的陷阱而上当受骗，我们首先需要掌握尽可能多的真实、可靠的信息，才能使自己摆脱信息不对称的劣势地位，也能够避免很多损失。而这需要提升自己的阅读量，并要保持积极的学习态度，不停地吸收信息，丰富自己的知识库存，才能够逐渐减少信息的"盲区"。

比如，我们平时在阅读报纸杂志时，如果看到了比较生僻的词语，就可以及时地查找资料或是到互联网上搜索一番，这样不仅能为自己消除疑惑，也能增长见识。随着自己掌握的信息越来越丰富，我们可能遇到的信息不对称的问题就会越来越少，想要借着信息不对称来对我们进行蒙骗的人也就不会有可乘之机了。

网购为什么会常常买到次品
——柠檬市场

说起网购，很多人肯定会有又爱又恨的感觉。爱的是网购的方便、省时、廉价和齐全的商品种类，恨的则是那些难辨真伪的商品和质量低劣的次品，经常在网上购物的消费者大多能说出几件伤心的往事。

网络上虽然有很多价廉物美的商品，可也少不了假冒伪劣的商品。很多电商平台入驻的门槛较低，对商家的资质缺乏足够的审核，再加上消费者了解商品信息的主要渠道就是商家提供的图片和文字，而不法商家为了谋取更多利益，常常会上传经过反复修饰的假图片，并把广告写得天花乱坠，再通过炮制假评论来制造商品热销的假象，没有经验的消费者根本无从分辨真伪，所以就会出现频频上当的情况。

也正是因为这样，网络市场常常被经济学家称为柠檬市场（美国俚语用柠檬表示次品），即次品市场、阿克洛夫模型。在这种市场中，存在着严重的信息不对称的情况，产品的卖方对商品质量拥有比买方更多的信息，而买方却不知道商品的真正价值，也只能根据市场上的平均价格来判断商品的质量。可是这样做无疑会出现很多问题，比如卖家会发现自己提供较好的商品就会"吃亏"，反而提供一些成本较低的次品会获得更高收益，于是那些真实价值高于平均价格的良好商品会越来越少。而消费者尽管在购买前反复比较价格，研究商品描述，最后难免会买到一些次品。

宋先生最近刚刚搬进新家，他准备为新家添置一张双人床。听人介绍说在网上购买家具又便宜又美观，便决定从购物网站上订购新床。

这天，宋先生打开了某购物网站的页面，在搜索引擎输入了"双人床1.8米"几个字，页面上顿时出现了很多样式、材质各异的床铺图片，价格也是各有不同。最便宜的不到1000元，贵的价格超过几万。宋先生浏览了十几分钟，只觉得挑花了眼。后来他按照价格搜索，选择了一款价格为2680元的"多功能真皮床"，这个价位在该网站的同类商品中比较适中，是大多数人比较偏爱的选择，而且页面上的各种描述和图片也让宋先生非常动心。当然，宋先生还是留了个心眼——仔细地研究了一下这款床的评价，想看看其他买家对这款床的看法。当他看到买家们一致称赞这款床"质量不错""性价比高""没有色差"的时候，觉得更加满意了。于是他没再犹豫，跟卖家订好了收货的时间和方法，就快速地下单付款了。

一个月后，宋先生终于收到了这款新床，当他怀着期待的心情打开包装仔细验看的时候，赫然发现床的材质并没有像卖家担保的那样美观耐用，看上去就是一些劣质的皮料和板材，而且部分地方还有明显的划痕和掉皮的问题。宋先生带着愤怒的心情上网去质问卖家，谁知之前还热情洋溢地回答他各种问题的卖家现在竟然变得十分冷漠。宋先生提出要退货，卖家竟声称床都是定制的，不支持退货。宋先生表示要投诉该卖家，经过一番唇枪舌剑的较量后，卖家终于同意退货，但要求宋先生必须承担来回运费共计 760 元。宋先生知道卖家是在故意刁难自己，坚决不同意这个不合理要求，双方又一次陷入了持久的争执中……

在这个案例中，宋先生购物的网站就是一个典型的柠檬市场，在这种市场中，消费者得到的信息极其有限，很难判断出卖家所说的到底是不是实话。如果消费者像宋先生一样缺乏购物经验，同时又有冲动消费的问题，就很容易落入消费陷阱，购买到质量低劣的次品，给自己造成经济损失。

同样的问题还经常发生在二手市场里，比如在二手车市场，消费者就很难当场判断车辆的真实情况，而卖家对于自己的车况心知肚明，他们常常会为了抬高价格，将自己的车描述得天花乱坠。消费者如果轻信卖家的介绍，就可能花高价买下翻新车，等到开回家才会发现车辆有很多问题。

那么，对于柠檬市场中出现的各种信息不对称陷阱，我们该采取什么办法去防范呢？

❖ **不要因为贪小便宜而误信虚假信息**

很多在柠檬市场上当受骗的消费者，往往有贪小便宜的心态，常常会被那些标价低廉的商品吸引，却不注意甄别商品信息的真伪，结果就会被一些虚假的信息误导。有的不法商家会利用消费者的这一心理，通过"秒杀""折扣""限时促销"等手段来吸引消费者，将假冒伪劣商品包装成打折处理的"精品"，所以消费者不能看到便宜货就想购买，一定要多多搜集信息，并反复比较同类商品的情况后才能购买。

❖ **对商家信息要反复对比**

无论是网购还是在二手市场购物，消费者都应当选择正规、可靠的平台，而且要仔细调查卖家的信誉度和资质，还要详细询问卖家是否能够提供充足的售后保障措施，这样才能避免购物出现问题后退换困难的麻烦。至于卖家的信誉度、服务情况可以通过对方提供的证明文件等来检验，另外，也可以适当参考其他消费者的评价。不过由于一些不法商家会采用"刷信用"等手段来美化自己的形象，所以消费者还要注意鉴别自己看到的评价是否真实。

❖ 对商品信息要辨别真伪

柠檬市场上的商品鱼龙混杂，消费者即使无法当场验证商品，也应当将商品的详细情况了解清楚，不能仅仅因为几张漂亮的图片或是一些华丽的广告就相信商品有较好的质量。比如商品的材质、尺寸、颜色、产地、质量等细节在购买之前就必须彻底问明商家，有的商家对自己的商品很有信心，自然能够提供准确、详细的信息，如果有质量检验报告之类的正式文件，就更可以作为消费者决策时的参考。

相反，若是商家对自己的商品信息含糊其辞、故意敷衍，也提供不了什么质量证明，消费者就应当提高警惕，谨防上当受骗。

别上了虚假消息的当
——锚定效应

我们在做出经济决策的时候，总是要以自己掌握的信息为基础来进行权衡判断。如果信息来源可靠，内容准确，据此做出的决策自然也是比较正确的，可以为我们带来相应的收益。可要是我们不小心误信了虚假的消息，就会做出错误的决策，也会给自己造成不少损失。

像这种情况，在经济学上也叫锚定效应或沉锚效应，说的就是人们在决策判断时，很容易受到近期出现过的一些信息的影响，思维就好像沉入海底的锚一样被牢牢地固定，往往就会做出不够理性的决策。

　　小韩是一个资深股民，虽然在股市浮浮沉沉已经数年，但小韩手中却少有盈余，多数时间购买的股票都处在"深套"的状态。小韩也知道自己选股买股的方法有问题，但就是不知道如何改正。

　　这一天，小韩准备关注一家上市公司。通过自己的分析，他感觉现在是一个不错的买入点。可是在决策之前，他有些犹豫，就登上了论坛去看一下消息。这时有个帖子跃入了小韩的眼帘，小韩点开看了看，发现是一个知名的用户发表的分析贴，说自己有内部消息证明该公司会出现重大利空，股价会严重下挫。小韩本来对该公司充满信心，看到这个信息后，心里有些不踏实了。第二天，小韩思索再三，尽管心痒难耐，还是没有购买该股。哪知道该股竟然连续拉起了几个涨停，小韩错过了机会，后悔不迭。

像这样被不靠谱的信息忽悠的例子在股市中比比皆是。有的虚假消息尽管毫无根据，却会被深深植入我们的意识和思维中，成为锚定值，影响我们对问题的估计，使我们产生了认知偏差，干扰了投资决策，最终常常会给我们造成不少损失。

在股市以外，锚定效应也时常能够发挥作用。比如我们去商场购买商品，常常会看到商家将商品的原价划掉，然后再旁边给出一个较低的价格，这时候原价就成了影响我们决策的沉锚，我们会很自然地参考原价看看自己享受到了多少"优惠"。可实际上，有很多时候原价并不是真实的价格，而是狡猾的商家杜撰出来的虚假信息。商家往往会将原价标得非常之高，这样我们获得的锚定值也会越高，我们就可能会自然而然地做出购买决策，使商家赢得不少利润。

所以，在进行经济决策前，我们千万不要机械地接受来自方方面面的信息，特别是一些虚假的信息很有可能变成"沉锚"而影响我们的判断。为了绕开"沉锚"，回避陷阱，我们可以从以下几点做起。

❖ **多角度思考问题**

有位经济学家曾经这样说道："看问题不能过于死板，因为即使是同一只鸡蛋，只要变换一下角度，形状便立即不同。"所以我们不要总是被动地接受"沉锚"的限制，而是可以从不同的角度来看问题，看看还有没有其他的选择，这样就有助于避免被虚假消息影响而做出错误的决策。

❖ **不要被他人的观点轻易影响**

假设你是一家公司的负责人，现在有一项决定企业生死存亡的大事需要你做出决定，你是依据公司现阶段的业务情况，并综合市场、消费者需求等综合信息来进行判断，还是单纯地按照一位"专家"的建议来进行决策？答案是非常显然的。因为即便是出自专家之口的观点，也未必是完全符合实际的，如果我们机械地接受这种观点，就会让其成为"沉锚"，会使我们在决策时迷失方向。所以我们要有怀疑的意识，不要"听风就是雨"，在进行任何决策时，都应当坚持以事实为依据，不要被他人的意见特别是虚假的信息所左右。

❖ **集思广益可以避免认知偏差**

为了避免落入"锚定效应"的陷阱，我们还可以采取集思广益的办法来解决问题。也就是说，我们可以有意地向多层次、多方面的人寻求不同的意见、方法，使我们获得的信息量倍增。在这个过程中，信息与信息就可以互相证伪，有助于我们从中甄别出哪些是可靠的消息，哪些是虚假的消息，这样就能够有效地避免认知偏差了。

最后，当我们正式决策的时候，还要注意仔细审查自己的构想。因为有的时候，我们可能会偏向于只接受对自己有利的信息，却会在无意中错过一些真正有价值的信息。这其实也是一种带有强烈主观色彩的"锚定效应"，所以我们要重复审视自己的决定，要确定自己已经为合理的决策收集到了足够的信息，这样才能避开影响决策的"沉锚"，能够让自己的决策变得更加科学和准确。

先说好消息还是坏消息
——前景理论

假设你要向上级汇报工作，现在在你手中的文件里有一个坏消息，还有一个好消息，你会先汇报哪个消息呢？

这个问题看似简单，却给不少人造成了困扰，因为他们很担心坏消息会对对方的情绪造成不良刺激，进而会影响到对方对自己的看法。对此，诺贝尔经济学奖获得者卡尼曼提醒我们，不妨用"前景理论"来破解这个信息传递的难题。

"前景理论"中有一条十分重要的原理，即"人们对损失比对获得更敏感"，也就是说，人们在遭受损失时感觉到的消极效应要大大超过获得时感觉到的积极效应，所以我们在传递坏消息的时候应当格外谨慎，否则会让自己平白无故遭受不少损失。伦敦商学院的一位经济学教授大卫·西姆斯就这样说道："即使是一个冷静有教养的老板，也会倾向于将老是与自己唱反调的人清理出自己的核心圈，而作为下属的明智选择则是避免发表一切批评意见，或是传达糟糕的消息。"

不过在很多时候，我们都无法避免要向对方传递坏消息，那么，该如何从经济学的角度来降低坏消息的消极影响，同时提升好消息的积极影响呢？以下是经济学家为我们总结出的几个好办法，可供我们学习和参考。

❖ **若干个好消息的传递办法**

根据前景理论和边际效用递减定律，人们在听到第一个好消息的时候获得的快乐是最多的，可要是马上再听到第二个消息，快乐就会有所减弱。所以如果我们想要传递若干个好消息，不妨分开传递，即隔一段时间传递一条，这样就能让这些好消息产生的总的积极效应可以最大化。

比如一位管理者有两个好消息要告诉自己的下属，一条消息是"公司将给全部门员工加薪 500 元"，另一条是"部门准备组织一次国外旅游"，他本可以将两条信息同时传递给下属，但考虑到了前景理论，他没有这么做。为了让下属能够感受到更多的快乐，获得更多的激励，他选择先公布了加薪的消息，然后在一周后，找了一个大家情绪不高的时机公布了国外旅游的好消息，顿时使得全部门上下精神振奋，欢乐的情绪持续了很长时间，大家的工作积极性也得到了很大的提升。

❖ **若干个坏消息的传递办法**

如果想要传递若干个坏消息，最好同时传递，这样也可以让后面的坏消息的边际效用递减，使得所有的坏消息产生的总的消极效应可以最小化。

比如某大学有一位班长在向同学收取班费时，隔一段时间收取一次，结果引起了同学们的不满。有些同学一听见"又要收班费"的坏消息后，抵触的情绪很高，甚至与班长发生了口角。于是，在下一个学期，这位班长吸取了教训，在学期开始就估算了大概需要的班费，然后一次性收齐，结果同学们的反应却很平静，这就是"坏消息"一起说才能达到的结果。

❖ 既有好消息又有坏消息的传递办法

如果想要传递一个天大的好消息和一个较小的坏消息，可以同时传递，这样坏消息带来的消极效应马上会被好消息带来的积极效应所抵消，最后产生的总效应是偏向积极的方向的。否则，要是分开传递消息，坏消息带来的消极效应就会大大增加。

此外，如果想要传递一个天大的坏消息和一个较小的好消息，应当分开传递，这样好消息带来的积极效应不至于被坏消息造成的消极效应所淹没，接收方至少还能得到一点点好消息带来的慰藉。

比如由于股价暴跌，我们不幸亏损了 3 万元，这无疑是一个天大的坏消息。不过当天我们在商场购物时参加抽奖又获得了一张价值 200 元的餐厅代金券，可以说是一个较小的好消息。那么回家的时候，我们就可以先把坏消息告诉家人，等第二天再告诉他们后面的好消息，这会让他们沮丧的情绪有所缓解，也不会长久地沉浸在坏消息造成的痛苦之中了。

总之，如何传递信息，其中也深藏着经济学的秘密，我们不妨跟随着伟大的经济学家的脚步，开启思维，努力去探究一些"狡猾"的窍门，这样就能让坏信息造成的消极效应最小化，让好消息造成的积极效应最大化。

从信息中找到"蓝海"和机遇
——沃尔森法则

美国著名的企业家 S.M. 沃尔森曾经这样说道："你能得到多少，往往取决于你能知道多少，所以要把信息和情报放在第一位。"这句话也被经济学家称为"沃尔森法则"，经常被用来说明信息的重要性。

在变幻莫测的市场中，信息可以让我们更加耳聪目明，可以了解更多的市场新动向，从而能够快速果断地采取行动。不仅如此，在信息中我们还能够发现别人没有发现的"蓝海"领域，从而可以开启全新的市场空间，找到更多发展的机会。

　　2010 年，冯伟从北京某大学毕业后，决定自己创业。最初他没有经验，尝试过好几个项目后，都没有能够获得成功，反而还赔了不少钱。

　　痛定思痛下，冯伟开始思考自己创业屡屡失败的原因，后来，他意识到自己应当寻找一些别人尚未涉足的"蓝海"领域，利用"沃尔森法则"去开辟新的市场。于是冯伟沉下心来，一门心思寻找这方面的机会。

　　有一天，冯伟在调查市场的时候听到一位私营企业的老板抱怨说，想要给员工定制统一的服装，可是服装厂发来的款式陈旧、古板，完全无法突出公司的特点。老板的话让冯伟感觉"茅塞顿开"，他恰好认识几个学服装设计的朋友，如果让他们在定制服装上下下功夫，不就能够满足老板的需求了吗？

　　冯伟说做就做，他回去后立刻联系了朋友，请他们设计了一些时尚、青春又美观的文化衫图样，再加上该公司的 LOGO。那家企业的老板看到这些图样后十分满意，马上决定向冯伟订购 200 件文化衫。冯伟喜出望外，又赶紧去联系服装厂打版、生产，最终如期交货，而他也获得了 3000 多元的净利润。

　　通过这件事，冯伟也看到了定制的商机，广大的企业、机构十分需要更加个性、时尚的定制服装，而很多有能力生产的服装厂却还没有掌握这个有价值的"信息"，冯伟就把握住了这个信息创造的机遇，雷厉风行地开办了自己的定制公司，将生意越做越大，获得的利益也越来越多。到 2013 年，冯伟公司的年营收额已经突破了 400 万元……

　　在经济社会中，有需求就会有商机，但有时需求刚刚产生的时候，很多现有的供应方却还没有敏锐地接收到需求信息，而那些像冯伟一样反应快捷的人才却会及时地关注这种"信息差",同时也就能够发现"蓝海",把握商机,而这正是"沃尔森法则"所要传达的真谛。

当然,有很多人可能会说自己每天都会接收到海量的信息,很难从中发现真正蕴藏"信息差"的高价值信息。其实有一个最简单的办法就可以帮助我们发现"蓝海"的存在,那就是多多收听他人的"抱怨"。

"抱怨"往往来自人们对现有的解决方案的强烈不满,如果我们能够发现抱怨最集中的点,然后想办法提供一个更好的解决方案,那就相当于发现了商机,找到了"蓝海"。

比如有两名大学生经常听到身边的同学抱怨说找工作难,不知道从何下手。于是他们就开发了一站式的求职服务,帮助同学挖掘自己的兴趣,掌握自身的优点,然后向同学传授制作简历、参加面试、笔试的各种知识,甚至还对同学进行形象、礼仪、口才方面的培训等,几乎涵盖了一个大学生找工作的全部环节。与此同时,他们还积极与用人单位联系,充分掌握了各种岗位需求信息,帮用人单位推荐最佳人选,如此搭建起了一个求职服务信息的平台,获得了同学和用人单位的一致好评,营业额也快速增长。像这样的案例就是利用了求职信息的极度不对称找到了难得的机遇,挖掘到了大量客户。

由此我们也可以看出信息的价值,特别是不透明的、一方很难掌握到的信息价值就更是难以估量。为此,我们时刻牢记"沃尔森法则",在积极搜集信息的同时,要注意培养自己的商业敏感度,以便尽早发现身边存在的"信息差"的问题,并从中发掘商机,让自己能够在"蓝海"市场中游刃有余地自由徜徉,获得更多财富。

第九章

揭开统计指数背后的秘密

——跑赢宏观经济走势的民生经济学

做大个人的"蛋糕"
——GDP

GDP，是英文 Gross Domestic Product 的缩写，也就是"国内生产总值"，它的定义是"一个国家或地区所有常住单位在一定时期内生产的全部最终产品和服务价值的总和"。举一个简单的例子，如果在大西洋某个小岛上有几个岛民自成一国，每年收获 1000 公斤马铃薯，假设马铃薯的价格为 2 元 / 公斤，那这个国家的 GDP 就是 2000 元。

GDP 是衡量经济发展的一个重要的指标，2017 年我国 GDP 总量达到了 827122 亿元，首次突破了 80 万亿元大关，同比增长 6.9%，比 2016 年增速提高 0.2 个百分点，由此也可以体现出经济蓬勃发展的良好趋势。

对于个人来说，GDP 的积极意义主要体现在以下几个方面：

❖ **就业机会的增加**

良好的经济环境将为全社会创造更多的就业机会，这对于个人来说自然是非常有利的一件事。随着经济结构的调整，特别是服务业的加快发展，当前我国的 GDP 增长 1 个百分点，能够拉动 170 万 ~190 万人就业。因此我们应当抓紧 GDP 增长的有利时期，找好个人职业发展的方向，争取找到更加理想的职位。

❖ **投资机遇的增加**

GDP 数据不仅能够总结过去一段时间的经济发展状况，还将决定未来一段时间内的经济发展调整方向，所以关注 GDP 可以让我们做出更加准确的投资决策。比如 GDP 高速增长阶段，社会整体效益良好，优质企业、上市公司业绩不断提升，其股票价值也会水涨船高，此时我们投资这类公司的股票就能取得较好的收益。再如 GDP 增速放缓后，央行可能会实行宽松的货币政策，此时我们可以提前锁定一些相对高收益的长期固定收益类理财产品，如国债、定期存款等都是不错的选择。

❖ 个人收入的增加

有人说 GDP 与个人的"钱袋子"无关，这种说法其实并不正确。如果说 GDP 增长代表了社会财富这个"大蛋糕"在不断增加，那么我们个人分得的"小蛋糕"当然也会变得更大。在经济环境良好的大前提下，各行各业的经济效益都在不断增长，反映到我们每一个社会有机体的身上，那就是个人的收入相应增加，购买力相应增强。当然，这种收入增加在通货膨胀的影响下可能会变得不太明显，但它对于我们每个人的生活确实是有一定的积极意义的。

不过，经济学家也提醒我们，GDP 并不是万能的，它有很多不能测量的方面。并且有的时候，个别地方因为统计和计算方法的不科学，还会出现 GDP "说谎"的问题。下面这个经济学家常讲的小笑话就能让我们进一步认识 GDP 的局限性。

一天，小孙开着自己的私家车去上班，路上交通拥堵严重，小孙又怕上班会迟到，结果不小心在拐弯的时候撞上了小郑的车。小孙的车头撞瘪了，小郑的车尾也严重受创，两人都将车开到路边，然后从车上走下来商量解决事宜。幸好两人都购买了车险，小孙也主动承认自己有 70% 的责任，于是很快商量好了维修和理赔的办法。小孙在离开的时候，苦着脸对小郑说："修车就要花钱，咱们可是又给国家创造了 GDP 了。"

撞车竟然撞出了 GDP，为什么会出现这种怪现象呢？因为 GDP 代表的是全社会终端的商品和服务的价值总和，而我们的生活水平实质上取决于全社会终端的使用价值总和。这两种看似相关，其实相差甚远。比如以撞车为例，在撞车后两位车主都要花费一定的修车费用，这会让他们花费在其他方面的费用减少；另外，他们还不得不花费时间和精力去处理修车和后续的一些事宜，也会耽误工作，影响自己去创造更多价值。所以他们的生活水平不会因为撞车而得到任何提高，这种撞车撞出的 GDP 就没有反映出与个人生活有关的准确情况。

这也反映出了 GDP 统计和计算过程中的一些问题，比如有些地方在计算 GDP 时会将那些没有产生经济效益的经济活动如撞车等也计算在内。有时发生了自然灾害，人民生活严重受损，但政府和社会又投入了大量的人力、物力、财力去救灾，这种情况就可能让 GDP 不降反增。再如有些地方为了追求经济增长，不限制重污染行业的开办和经营，虽然让 GDP 得以增长，但却是以破坏生态环境为代价的，这样的 GDP 增长实际上也是不利于提高个人生活水平的。由此可见，我们应当正确认识 GDP 的重要作用，但不能形成"唯 GDP"的错误观念，我们只有想办法利用 GDP 增长的有利形势做大个人的"蛋糕"，才算是发挥了 GDP 的积极意义。

贫富差距为什么越来越大
——基尼系数

"贫富差距"是我们经常会说到的一个词语，指的是人与人之间的收入多少存在差别，造成了有的人生活富裕，有的人生活水平一般，还有的人穷困潦倒的情况。那么，"贫富差距"是用什么指标来衡量的呢？

目前在国际上通用的用来衡量一个国家或地区居民收入的指标是基尼系数。基尼系数的具体数值在 0 和 1 之间。一般经济学家认为基尼系数低于 0.2，说明收入分配处于绝对平均的状况，不过这种理想情况几乎很难实现，一些发达国家的基尼系数往往在 0.2~0.4；基尼系数越大，就说明财富在社会成员之间的分配越不均匀，贫富差距的程度也就越大；当基尼系数大于 0.4 时，则会被认为是比较危险的"警戒线"数值，因为它代表收入分配不公的情况比较严重，容易引发社会动荡；如果基尼系数在 0.5 以上，则说明收入差距相当悬殊，表示贫富差距已经达到了相当严重的程度。

祁东和李杰是大学同学。2012 年，他们大学毕业后，各自回到了自己的家乡工作。祁东的家乡在广东深圳，他在一家广告公司找到了工作，月工资 12000 元，自己平时还做些兼职，每个月还有 2000 元的额外收入。扣除日常开销后，他每月能留下 6000 多元的现金。通过自己理财、投资，每年净收入能达到 8 万元以上。他对自己的生活非常满意，自我感觉生活质量还算不错。

李杰的家乡在甘肃兰州，他找到的工作与祁东性质相似，也是设计方面的职位。不过由于当地工资水平较低，李杰每月只能拿到 4000 元的工资，扣除各种生活开销后，李杰手头结余的现金已经所剩无几，自己也觉得日子过得紧巴巴的。

有一次，李杰与祁东视频聊天，看到祁东惬意的生活后，李杰又是羡慕又是嫉妒，忍不住在心里感慨道："明明我们都是从一个学校毕业的，做的工作也差不多，为什么生活水平会差这么远呢？我和祁东之间的贫富差距可是越来越大了。"

李杰遇到的这种问题其实并不是个案，由于各地经济发展水平不平均、经济运行机制不健全、税收制度不合理、社会保障制度不完善等诸多方面的原因，使得居民收入差距出现了逐渐扩大的现象。就像处于东部经济发达地区的祁东和西部经济欠发达地区的李杰，他们之间的贫富差距就在逐渐扩大。体现在基尼系数上，就会出现基尼系数逐渐增高的趋势。

根据国家统计局公布的数据显示，我国的基尼系数从 1994 年起就已经越过了 0.4 的警戒线，此后总体逐年上升，到 2003 年已经增长到了 0.479，2008 年更是达到了 0.491 的高位。然后虽然有回落的趋势（2016 年为 0.465），但仍然处于较高的水平，所以依旧值得引起我们的警惕。

有经济学家指出，我国基尼系数偏高，主要是因为生产力布局不合理所致，表现在城乡之间、东西部地区生产力发展不平衡。这种观点当然有一定的道理，但还不够全面。实际上，基尼系数反映的问题是非常复杂的，牵扯到社会经济的方方面面。而国外在降低基尼系数、减少贫富差距方面采取的一些做法，或许能够给我们带来不少启发。

比如被公认为基尼系数最低的国家之一的日本，就通过对高收入人群实行高额累进税制来达到均衡财富分配的目的，高收入人群的最高所得税税率能够达到75%，一般低收入人群的税率则只有15%。而且在薪酬制度方面，日本更加重视薪酬保障作用，使得薪酬收入的差距也较小，这些措施都有效地缩小了贫富差距。

当然，贫富差距的增加也与个人能力差异、思想差别、所掌握的资源和信息不同等有较大的关系。比如有的人有远大的理想，明确的目标，很善于发挥自己的能力，也愿意积极吸收知识，能够打理好自己的财富，这样自然能够不断积累越来越多的财富。相反，有的人没有抱负，懒惰成性，好逸恶劳，不认真工作或从事创业，也不懂理财的知识，那自然会让自己能够掌握的财富越来越"缩水"。

因此，想要减少与他人的贫富差距，也需要我们个人付出更多的努力，这样才能与自己心中向往的生活水平越来越接近。

测测自己的富裕程度
——恩格尔系数

"民以食为天"，我们关注民生，首先就要研究食品消费问题。经济学家就提出了一个指数，叫作"恩格尔系数"，它指的就是食品支出的总额在个人消费支出总额中所占的比重。

恩格尔系数可以用来衡量个人或家庭的富裕程度：个人或家庭总的收入越少，用来购买食品的支出所占的比重就越大。随着收入的增加，用来购买食品的支出比重会逐渐下降。所以想要知道自己是否已经迈入了"富裕"的行列，就不妨先算算自己的食品支出比例，即恩格尔系数（计算公式是：食物支出金额 / 总支出金额 ×100%）。

马女士在一家国企工作，几年前，她和丈夫租房居住，俩人的工资除了缴纳每月的房租外，大部分都用在了平时的吃穿住行上，特别是在食品方面。马女士隔三岔五就要到超市采购一番，购买新鲜的蔬菜、水果、肉类以及米面粮油等，这方面的开支用去了他们一大半的工资。有时夫妻俩想要"改善生活"，就会选择在周末或节假日到品质较高的餐厅、饭店吃顿大餐，这样也会花掉不少钱。所以马女士总说："我们的日子过得紧巴巴的，钱都花在吃的东西上了。"

后来，他们的小女儿出生了，马女士为了给女儿购买奶粉、尿不湿、服装等，不得不压缩花在自己和丈夫身上的钱，有时她还用开玩笑的语气对丈夫说："为了喂饱女儿，我们只有先饿着自己啦。"好在马女士的丈夫获得了晋升，工资提高了不少，马女士自己也积极地做了些兼职工作，让家庭收入越来越多，也让他们终于有能力买下了属于自己的一套住房。

生活越来越好，但马女士仍然有"钱不够用"的感觉。女儿慢慢长大，马女士给她报了早教班，还购买了很多书籍、玩具，花费可谓不菲。为了方便接送女儿，2016 年，马女士和丈夫还买下了一辆中等价位的小轿车。2017 年，他们全家还去新马泰旅游了一圈，玩得十分开心……可是这样一来，留存下来的资金又不多了，马女士不禁对丈夫感慨道："我们什么时候才能跨入富裕家庭的行列啊？"

事实上，与过去相比，马女士家的生活已经越来越富裕了。在几年前，家庭收入较低，限制了他们对娱乐、住房、旅游等的需求，而最基本的用于食品的支出就成了家庭支出最重要的部分，这也是马女士感叹"钱都花在吃的东西上"的原因。随着家庭收入的逐渐增多，马女士和丈夫可以有更多的资金来满足食品以外的需求，买房、买车、出国旅游、孩子教育这些方面的支出在家庭支出中的比重越来越大，食品支出的比重相对就越来越低了。根据"恩格尔系数"来判断，马女士虽然没有多少剩余资金在手，但生活质量确实得到了提高，恩格尔系数越来越低，所以确实是越来越富裕了。

如果要计算确切的数字的话，恩格尔系数超过了 59%，说明生活还处于比较贫困的状态；如果恩格尔系数在 50%~59% 之间，则是"生活温饱"

的状态；如果恩格尔系数在 40%~50% 之间，就可以称为"小康生活"了；如果恩格尔系数在 30%~40% 之间，是比较富裕的生活状态；当然，要是恩格尔系数能够低于 30%，就是非常富裕的生活状态了。

比如一位生活在三线城市的普通上班族，每月收入为 3500 元，一日三餐的开销（包括购买蔬菜、米面粮油、调料等）大概是 800 元左右，购买水果、零食的花费为 150 元左右，平时与家人、朋友聚餐的花费约为 300 元左右，那么他／她用于食品的支出就已经达到了 800+150+300=1250 元。

假设他／她每月还要存款 800 元，剩下的 3500-800=2700 元是总的支出费用。那么计算恩格尔系数为 1250/2700×100%=46%，也就是说他／她刚刚超过了生活温饱水平，勉强达到了小康的生活水平。要想让生活水平上一个台阶，那就要想办法降低恩格尔系数，而这只有从以下两个途径才能实现：

❖ 增加自己的收入

只有增加总收入，才能让自己手头可用于支出的资金增加，也就可以使恩格尔系数计算公式的"分母"变大，恩格尔系数就会降低。而这就需要我们努力工作，以求获得职业发展道路上的进一步突破，或是得到加薪、晋升，或是更换一份收入更高的工作。另外，如果精力允许的话，我们还可以适当从事兼职工作，发挥所长，让收入进一步增加。此外，我们还可以通过储蓄、投资等方式来增加收入，让恩格尔系数进一步降低。

❖ 减少不必要的食品支出

如果收入在短时间内难以增加，那么我们也可以采用减少食品支出的方法来降低恩格尔系数。为此，我们不妨认真地分析一下自己平时在食品方面开支的细项，看看有哪些支出实际上是没有必要的。比如一些高热量、高脂肪的零食，对身体没有什么好处，价格也比较昂贵，我们就可以将其从未来的支出计划中划去；还有我们与朋友、熟人相聚时也不一定总要采取吃吃喝喝的方式来联络感情，完全可以代之以一起郊游、一起锻炼等方法，这样不但不会影响人际关系，还能减少食品开支，何乐而不为。

此外，对于上班族来说，中午去哪里就餐也是个需要考虑好的问题。

如果工作单位能够解决就餐问题当然是最好，可要是需要自己解决，我们就不能总是想着去餐厅或叫外卖，也不妨试试自己做饭，再带到单位加热食用，这样能够省去不少食品开支，让我们可以有更多的资金花在其他地方，恩格尔系数也就会自然而然地降低了。

跑不过刘翔，要跑过 CPI
——CPI

CPI 是居民消费价格指数（consumer price index）的简称，它能够反映居民家庭一般所购买的消费品和服务项目的价格水平变动情况。简单地说，CPI 就是我们平时花费在如食品、服装、住房、交通、通信等方面的资金的变化趋势，CPI 上涨到一定程度，说明大多数日用产品普遍在涨价，也就是出现了通货膨胀；反之，CPI 下降到一定程度，则说明日用产品普遍在降价，也就是出现了通货紧缩。

根据国家统计局 2018 年 3 月公布数据显示，2018 年 2 月的居民消费价格指数（CPI）同比上涨 2.9%，是一年多来首次超过 2% 的水平。CPI 不断上涨难免会引起人们的恐慌，会认为钱不值钱了，买什么都贵。其实我国的 CPI 仍在正常范围内（3% 左右），通货膨胀也处于比较"温和"的状态，但要是 CPI 大于 5% 则属于比较严重的通货膨胀了。

当然，考虑到 CPI 仍然在缓慢上涨，为了避免通货膨胀给我们带来经济损失，我们也要把上涨的 CPI 当作一种预警，要多想想办法"跑赢CPI"，让自己的财富能够保值、增值。

2018 年 2 月底，小陈结束了假期，返回单位开始上班。到单位后的第一天，领导就公布了一个振奋人心的好消息：由于去年部门全体员工努力创造效益，为公司做出了突出贡献，现在公司决定给全部门员工上调工资。按照小陈的业绩和职务，他获得了 380 元的加薪。小陈高兴地说："虽然 CPI 节节攀升，可是领导关心我们的生活，一下子涨了这么多工资，我们终于能够跑赢CPI了。"

坐在小陈旁边的女职员玲玲对他说："你先别急着高兴吧，我给你算笔账。不考虑大件消费，你每天花在三餐、服装、交通、通信上面的日常支出都在上涨。就像我今天早上去买小笼包，老板娘就说因为肉价上涨，每笼包子涨价5毛，这还只是其中一项。你觉得380元看起来不少，可要是分配在一个月的30天上，就相当于每天只涨了一块多钱。所以说，想跑赢CPI，还早着呢！"

小陈听完玲玲的分析后，不得不承认她说得挺有道理，原本因为涨工资带来的好心情也变得低落起来……

小陈的工资虽然有所上涨，但涨幅没有跑赢CPI，会让开支越来越多，而结余却越来越少，因此达不到让资金增值的目的。因此，小陈为了跑赢CPI，除了要更加努力地工作之外，还得想办法获得一些额外的收入。

❖ 增加主动收入

"主动收入"就是用自己的时间和精力去换取金钱，比如工作获得的收入就是"主动收入"，但它也是一种临时性的收入，如果暂时不工作就会失去这方面的收入。想要跑赢CPI，我们可以利用每天工作的业余时间，发挥特长做一些兼职性质的工作，当然这对于自身的特长和能力有一定的要求。

如果自己不具备特别突出的技能，也可以先花些时间学习和提升一下自己的能力，特别是一些比较热门的证书如建造师证书、注册会计师证书等，可以帮助我们每年增加不菲的收入，想要跑赢CPI也不是难事。

❖ 增加被动收入

"被动收入"与"主动收入"相反，就是不需要花费多少时间和精力，也不需要时常照看就能够自动获得的收入，像投资、理财获得的收入就属于"被动收入"，而它们也是我们跑赢CPI的一个主要的途径，所以我们一定要培养自己的投资理财意识，要尽早地开始投资理财实践，并掌握一些使用理财工具的窍门。

如果实在不熟悉理财方面的知识，也可以选择最基础的理财方式——银行储蓄，以获得一定的利息收入。不过由于利息收入比较微薄，所以我们最好还是能够合理地搭配其他投资理财方式，如股票、保险、基金（包括余额宝）等，用钱来生钱，使自己的被动收入不断增加，那么跑赢CPI的希望也就会变得更大了。

照出居民生活真实水平的"镜子"
——人均可支配收入

人均可支配收入是衡量生活水平的一个重要标志，它指的是我们可以自由支配的用于最终的消费支出和储蓄的资金综合，也能够反映我们的消费能力。人均可支配收入提高了，我们的消费能力、投资能力、理财能力都会相应提高，也就说明我们的生活水平提高得越快。

根据 2018 年 1 月国家统计局公布的数据显示，2017 年全国居民人均可支配收入达到 25974 元，比上年名义增长 9.0%，扣除价格因素，实际增长 7.3%。其中，城镇居民人均可支配收入 36396 元，同比名义增长 8.3%，扣除价格因素，实际增长 6.5%；农村居民人均可支配收入 13432 元，同比名义增长 8.6%，扣除价格因素，实际增长 7.3%。从这些数字可以看出，全国人均可支配收入突破 25974 元这个数字的地方，尤其是人均可支配收入突破 3 万元的地方，人们的生活水平总体较高；相反，低于 25974 元的地方，人们的生活水平则相对较低。并且我们目前城镇人口的生活水平要高于农村人口的生活水平，而这些事实就是通过人均可支配这面"镜子"反映出来的。

具体来看，人均可支配收入既包括现金收入，也包括实物收入，如果根据来源划分，人均可支配收入还可以被分为以下几项：

❖ 工资性收入

工资性收入指的是个人或家庭成员通过自己从事的主要职业、第二职业、兼职、零工等多种途径获得的劳动收入。像我们熟悉的计时工资、计件工资、奖金、津贴、补贴、加班工资等都属于这个范畴，不过工作单位发放的社会保险福利费用、劳动保护费用以及各种奖项所得的奖金、稿费、讲课费、翻译费等就不属于这个范畴了。在人均可支配收入中，工资性收入占据了很大的一部分，比重可以达到68%以上。

❖ **经营性净收入**

经营性净收入指的是个人或家庭成员通过自己从事的生产经营活动所获得的净收入。比如个人开办的私营企业获得的净收入，开办杂货店、餐馆、早点摊、家庭作坊、养殖场、种植园等获得的净收入都属于这个范畴，它也是人均可支配收入主要的来源之一。

❖ **财产性净收入**

财产性净收入也叫资产性收入，指的是个人或家庭成员通过管理自己的动产、不动产，进行出租、投资、理财等活动所产生的收入。像银行存款利息、出租房屋收到的租金、保险收益、股息与红利收入、专利收入等都属于这个范畴。在人均可支配收入中，财产性净收入所占的比例最小，只有2%左右。

❖ **转移性净收入**

转移性净收入主要包括国家、单位、社会团体对个人或家庭的各种转移支付，比如离退休金、失业救济金、单位发给个人的辞退赔偿金以及保险索赔等。另外，个人与个人之间发生的赠送、赡养资金也属于转移性净收入的范畴。

需要指出的是，人均可支配收入在计算时需要扣除个人所得税、公积金、养老基金、医疗基金、事业基金等项目，因为这些是个人或家庭成员必须缴纳的支出，有些还是国家或单位先发放再征收的，所以不能计入"可支配收入"中。

通过上述这些说明，我们就可以比较清楚地计算出自己的可支配收入到底是多少，然后再与全国人均可支配收入进行对比，就可以看出自己的真实生活水平如何。以下就以杭州市一个普通的家庭为例来说明一下可支配收入的计算问题：

魏先生今年 35 岁，在浙江杭州的一家广告制作公司担任设计员，每月税后收入 8000 元（扣除社保、医保、公积金后），每年各种节日奖金 5000 元。魏先生的妻子在一家出版社担任编辑，每月税后工资 5000 元（扣除社保、医保，无公积金），每年各种节日奖金 2500 元。夫妻二人共有两套房屋，一套面积 120 平方米的大房用于自住，一套 50 平方米的小房用于出租，租金每月 1800 元。家庭现有定期存款 10 万元（三年期，利率 2.75%），另外魏先生还投资了股票 6 万元，一年后市值达到了 6.5 万元。

计算魏先生的家庭可支配年收入：

工资性收入：工资（8000+5000）×12+ 奖金 5000+2500=163500（元）

财产净收入：租金 1800+ 利息收入 2750+ 股票收益 5000=9550（元）

那么魏先生和妻子的人均可支配收入为（163500+9550）/ 2=86526（元）

通过计算可以发现，魏先生家的人均可支配收入大大高于全国水平，属于收入较高的阶层。如果魏先生和妻子能够合理安排消费，并积极从事投资理财活动，就能够进一步提升自己的生活质量，实现较高的生活水平。

图书在版编目 (CIP) 数据

如何用经济学思维让日子过得更舒坦 / 周婷编著. —北京：中国法制
出版社，2020.8

ISBN 978-7-5216-1157-1

Ⅰ. ①如…　Ⅱ. ①周…　Ⅲ. ①经济学—通俗读物
Ⅳ. ① F0-49

中国版本图书馆 CIP 数据核字（2020）第 110328 号

策划编辑：郭会娟（gina0214@126.com）
责任编辑：郭会娟　刘　悦　　　　　　　　　　　　　封面设计：杨泽江

如何用经济学思维让日子过得更舒坦
RUHE YONG JINGJIXUE SIWEI RANG RIZI GUODE GENG SHUTAN

编著 / 周婷
经销 / 新华书店
印刷 / 北京海纳百川印刷有限公司
开本 / 710 毫米 × 1000 毫米　16 开　　　　　　　　印张 / 12.5　字数 / 210 千
版次 / 2020 年 8 月第 1 版　　　　　　　　　　　　2020 年 8 月第 1 次印刷

中国法制出版社出版
书号 ISBN 978-7-5216-1157-1　　　　　　　　　　　　定价：39.80 元

北京西单横二条 2 号　邮政编码 100031　　　　　　　传真：010-66031119
网址：http://www.zgfzs.com　　　　　　　　　　　　编辑部电话：010-66054911
市场营销部电话：010-66033393　　　　　　　　　　邮购部电话：010-66033288
（如有印装质量问题，请与本社印务部联系调换。电话：010-66032926）